"ධම්මෝ හි වාසෙට්ඨා, සෙට්ඨෝ ජනේතස්මිං
දිට්ඨේ චේව ධම්මේ, අභිසම්පරායේ ච."

වාසෙට්ඨයෙනි, මෙලොවෙහි ත්, පරලොවෙහි ත්
ජනයා අතර ධර්මය ම ශ්‍රේෂ්ඨ වෙයි !

- අග්ගඤ්ඤ සූත්‍රය - භාග‍යවත් බුදුරජාණන් වහන්සේ

නුවණ වැඩෙන බෝසත් කථා - 5

ජාතක පොත් වහන්සේ

(අත්ථකාම වර්ගය)

පූජ්‍ය කිරිබත්ගොඩ ඤාණානන්ද ස්වාමීන් වහන්සේ

ISBN : 978-955-687-090-9

ප්‍රථම මුද්‍රණය : ශ්‍රී බු.ව. 2560 ක් වූ බිනර මස පුන් පොහෝ දින

සම්පාදනය : මහමෙව්නාව භාවනා අසපුව
වඩුවාව, යටිගල්ඔළුව, පොල්ගහවෙල.
දුර : 037 2244602
info@mahamevnawa.lk | www.mahamevnawa.lk

පරිගණක අකුරු සැකසුම, පිටකවර නිර්මාණය සහ ප්‍රකාශනය :
මහාමේඝ ප්‍රකාශකයෝ
වඩුවාව, යටිගල්ඔළුව, පොල්ගහවෙල.
දුර : 037 2053300, 076 8255703
mahameghapublishers@gmail.com

මුද්‍රණය : ලීඩ්ස් ග්‍රැෆික්ස් (පුද්.) සමාගම,
අංක 356 E, පන්නිපිටිය පාර, තලවතුගොඩ.

නුවණ වැඩෙන බෝසත් කථා - 5

ජාතක පොත් වහන්සේ

(අත්ථකාම වර්ගය)

සරල සිංහල පරිවර්තනය

පූජ්‍ය කිරිබත්ගොඩ ඤාණානන්ද ස්වාමීන් වහන්සේ

මහාමේඝ
MAHAMEGHA

ප්‍රකාශනයකි

පෙරවදන

ජාතක පොත් වහන්සේ ඔබ කියවලා ඇති. කුඩා අවධියේත්, පාසලේදීත්, සරසවියේත්, පන්සලේ බණ මඩුවේත්, වෙසක් නාඩගමේත් අපි ජාතක කථා රස වින්දෙමු. නමුත් එහි සැබෑ අරුත කුමක් දැයි තේරුම් ගන්නට අප සමත් වූ වගක් නම් නොපෙනේ.

'නුවණ වැඩෙන බෝසත් කථා' නමින් ඒ ජාතක කථා ඔබේම භාෂාවෙන් ඔබට කියවන්නට ලැබෙන්නේ එයින් ඉස්මතු වන අරුතත් සමගිනි. මෙහි අරුත් දැන එම කථාවත් මතක තබා ගෙන සත්පුරුෂ ගුණධර්ම දියුණු කර ගන්නට මහන්සි ගන්නේ නම් එය ජාතක කථාවෙන් ඔබට ලැබෙන සැබෑම ප්‍රතිඵලයයි.

හැම දෙනාටම තෙරුවන් සරණයි!

මෙයට,
ගෞතම බුදු සසුන තුළ මෙත් සිතින්,
පූජ්‍ය කිරිබත්ගොඩ ඤාණානන්ද ස්වාමීන් වහන්සේ
ශ්‍රී බුද්ධ වර්ෂ 2560 ක් වූ වෙසක් මස 31 දා

මහමෙව්නාව භාවනා අසපුව
වඩුවාව, යටිගල්ඔළුව,
පොල්ගහවෙල.

පටුන

5. අත්ථකාම වර්ගය

නමෝ තස්ස භගවතෝ අරහතෝ සම්මාසම්බුද්ධස්ස
ඒ භාග්‍යවත් අර්හත් සම්මා සම්බුදුරජාණන් වහන්සේට නමස්කාර වේවා!

01. ලෝසක ජාතකය

ලෝසක රහතන් වහන්සේ ගේ කථාව

පින්වතුනේ, පින්වත් දරුවනේ,

යම් කෙනෙකුට යමක් ලැබෙන්ට තියෙනවා නම් කවදාවත් ඒකට අකුල් හෙලන්ට හොඳ නෑ. වළක්වන්ට හොඳ නෑ. අනුන්ට ලැබෙන දේට ඊර්ෂ්‍යා කොට එය නැති කර දාපු හේතුවෙන් සසරේ බොහෝ කලක් දුක් වින්ද ඉතාම ශෝචනීය කථාවක් දැන් ඉගෙන ගන්නේ.

ඒ කාලේ අප භාග්‍යවතුන් වහන්සේ වැඩ සිටියේ සැවැත් නුවර ජේතවනයේ. ඒ කාලෙම කොසොල් රටේ මාළු මරණ මිනිසුන් ඉන්න ගම්මානෙක ලැබීමේ පිනෙන් ගොඩාක් දුර්වල දරුවෙක් උපන්නා. ඒ දරුවා පිළිසඳ ගත්තු දවසේ මේ පවුල් දහසකින් යුතු මුළු කෙවුල් ගම්මානෙටම එකම මාළුවෙක්වත් අල්ලගන්ට බැරි වුනා. දරුවා මව්කුසේ වැඩෙද්දී ඒ ගමේ ගෙවල් සත් වතාවක් ගිනිගත්තා. රජ්ජුරුවන්ගෙනුත් හත් වතාවක් දඩ කෑවා. ක්‍රමයෙන් මුළු කෙවුල් ගම්මානයම දුකට පත්වෙලා අසරණ වෙලා ගියා. මාළු අල්ලන ගම් ප්‍රධානීන් මේ ගැන සාකච්ඡා කළා.

"මේක හරි පුදුම දෙයක් නොවැ... එන්න එන්නම අපි නැත්තටම නැති වුනා.... මෙතෙක් කාලෙකට මෙහෙම විපැත්තියක් වුනේ නෑ...! මොකෙක් හරි කාලකණ්ණියෙක් මේ ගම්මානේ ඉපදිලාවත්ද...? අපි ගමේ ගෙවල් පන්සීය බැගින් දෙකට බෙදමු. එතකොට සොයාගන්ට ඇහැක් වේවි....!" කියලා ක්‍රමක්‍රමයෙන් ගෙවල් බෙද බෙදා ගියා. අර දරුවා පිළිසිඳගත් ගෙය ඉතිරි වුනා. අනිත් පවුල් ක්‍රමයෙන් දියුණු වුනා. එතකොට ගම්මු එකතුවෙලා ඒ පවුලම ගමෙන් පැන්නුවා!

අර අම්මා ඉතාම දුකසේ බඩකුත් උස්සාගෙන ජීවත් වුනා. පුතෙක් බිහිකළා. මේ ඒ දරුවාගේ සසර ගමනේ අවසන් ආත්මයයි. උතුම් රහත් ඵලයට පත්වීමේ වාසනාව කළයක් ඇතුලේ දැල්වෙන පහනක් වගේ තමන්ගේ සිතේ බැබලි බැබලී තිබුනා. ඒ අම්මා ඉතාම දුකසේ මේ දරුවා පෝෂණය කළා. මේ දරුවාට ඇවිද යන්ට පුළුවන් වුනාට පස්සේ කබලක් අතට දුන්නා.

"පුතේ... ආන්න අර පේන ගෙදරට ගොහින් මොකවත් ඉල්ලාගෙන කාපන්..." කියලා දරුවා පිටත් කළා. අම්මා ළමයා දාලා පැනලා ගියා. එදා පටන් මේ දරුවා තනි වුනා. හරි හමන් කෑමක් බීමක් නෑමක් නිදීමක් මොකවත් නෑ. පාංශුපිශාචයෙක් වගේ ඉතාමත් දුකසේ ජීවත් වුනා. ගෙවල්වල වළං පිඟන් සෝදා වීසි කරන ඉඳුල් කන කපුටෙක් වගේ බත් ඇට ඇහිඳගෙන කකා අනුක්‍රමයෙන් දරුවා සත් හැවිරිදි වුනා.

දවසක් අපගේ ධර්ම සේනාධිපති සාරිපුත්තයන් වහන්සේ සැවැත් නුවර පිඬු සිඟා වඩිද්දී මහා දුක්ඛිත ජීවිතයක් ගෙවන මේ දරුවා දකින්ට ලැබුනා. "දරුවෝ

මෙහෙ එන්න....” කියලා මේ දරුවට කතා කළා. එතකොට මොහු ගිහින් සාරිපුත්තයන් වහන්සේට වන්දනා කළා.

“දරුවෝ.... ඔයා කොයි ගමේ කෙනෙක්ද...? ඔයාගේ අම්මා තාත්තා කවුද....?”

“ස්වාමීනී.... මං නිසා අපේ අම්මටයි තාත්තටයි හරී කරදරයිලු...! ඉතින් එයාලා මාව දාලා ගියා....”

“දරුවෝ.... ඔයා මං වගේ පැවිදි වෙන්න කැමතිද...?”

“අනේ ස්වාමීනී.... මං වගේ කෙනෙක් මහණ කරන්නේ කවුද...?”

“ඇයි මම ඉන්නේ....? මම මහණ කරන්නම්...”

එතකොට ඒ දරුවා කැමති වුනා. සාරිපුත්තයන් වහන්සේ මේ දරුවා විහාරයට කැඳවාගෙන ගියා. සිය අතින්ම පිරිසිදු කොට වතුර නැව්වා. කෑම බීම දුන්නා. පැවිදි කළා. විසි වයස වෙද්දි උපසම්පදාත් කළා. මේ අල්පලාභී භික්ෂුව වයසට යද්දී ‘ලෝසකතිස්ස තෙරණුවෝ’ කියලා ප්‍රසිද්ධ වුනා. සිව්පසය ලබන්ට පිනක් නැති තරම්. කොසොල් රජ්ජුරුවන්ගේ අසදෘශ මහා දානෙදිවත් කුසගිනි නැතිවෙන්ට තරම් ආහාරයක් ලැබුනේ නෑ! පිඬු සිඟා ගිහින් යාන්තම් පිරිමැහෙන්ට කැඳ ස්වල්පයක් ලැබෙනවා. මිනිස්සුන්ට පේන්නේ පාත්‍රය ආහාරවලින් පිරී තියෙනවා වගෙයි. මේ ලෝසක තෙරුන් උත්සාහයෙන් ධර්මයේ හැසිරුනා. උතුම් රහත් ඵලය සාක්ෂාත් කළා. තමන්ගේ ආයුෂ අවසන් වෙලා ක්‍රමයෙන් පිරිනිවන් පානා දවස පැමිනුනා.

එදා ලෝසක තෙරුන් පිරිනිවන් පානා බව අපගේ සාරිපුත්තයන් වහන්සේ දැනගත්තා.

"අහෝ! අද අපේ ලෝසක පිරිනිවන් පානවා.... අදවත් ඔහුට කුස පිරෙන්ට ආහාරයක් දෙන්ට වටිනවා..." කියලා එදා සාරිපුත්තයන් වහන්සේ ලෝසක තෙරුන් සමඟ පිඬු සිඟා වැඩියා. එදා සාරිපුත්තයන් වහන්සේට දානෙ තබා දෑත් දිගු කොට වන්දනා කරන්ට වත් සැවැත් නුවර කවුරුවත් ආවෙ නෑ. හැමෝම නොදැක්කා වගේ ගියා. ඊට පස්සේ සාරිපුත්තයන් වහන්සේ ලෝසක තෙරුන්ට විහාරයට ගොස් දාන ශාලාවේ වාඩිවෙලා ඉන්ට කිව්වා. තමන් වහන්සේ තනිවම වැඩිය ගමන් පිණ්ඩපාතෙ ලැබුනා. එතකොට සාරිපුත්තයන් වහන්සේ තමන්ගේ දානෙ වේල කෙනෙකු අත ලෝසක තෙරුන්ට දෙන්ට කියලා පිටත් කෙරෙව්වා. ඒක අතරමගදී ඔහු අනුභව කළා!

අපගේ සාරිපුත්තයන් වහන්සේ දන් වළඳා විහාරයට වැඩියා. ලෝසක තෙරුන් තවමත් දන්හලේ වැඩඉන්නවා. එතකොට ලෝසක තෙරුන් ඉක්මනට ඇවිත් සාරිපුත්තයන් වහන්සේට වන්දනා කළා.

"ඇවැත්නි.... දානෙ වැළඳුවා නේද?"

"ස්වාමීනී.... ඒ අපට ලැබුනොත්නෙ..." කිව්වා.

එතකොට සාරිපුත්තයන් වහන්සේට මහා සංවේග යක් හටගත්තා. ඉක්මනින් පියවර මැනලා කාලය බැලුවා. අයියෝ! කාලය ඉක්මගිහින්... "කමක් නෑ ඇවැත්නි... ඔහොමම ශාලාවේ ඉන්ට" කියලා කෙලින්ම කොසොල් රජ්ජුරුවන්ගේ මාළිගාවට වැඩියා. රජ්ජුරුවෝ මහත්

සතුටට පත්ව සාරිපුත්තයන් වහන්සේගේ පාත්‍රය පුරවා චතුමධුර පූජා කළා.

සාරිපුත්තයන් වහන්සේ පාත්‍රය ඇතිව නැවත වැඩියා.

"තිස්ස... හරි... දැන් මේ චතුමධුර වළඳන්ට" කියා පාත්‍රය අතැතිව සිටගත්තා. තම ආචාර්යපාදයන් කෙරෙහි මහත් ගෞරවයෙන් ලෝසක තෙරුන් ලැජ්ජාවෙන් යුක්ත වුනා. වැළඳුවේ නෑ.

"නෑ තිස්ස.... මං මේ පාත්‍රය අතේ තියාගෙන මෙහෙම ඉන්නම්. ඔබ මෙතන වාඩිවෙලා මේ පාත්‍රයෙන් ගෙන වළඳන්ට. මං බැරිවෙලාවත් පාත්‍රය වෙන තැනකින් තිබ්බොත් කිසිවක් ඉතිරිවෙන එකක් නැහැ."

එතකොට ලෝසක තෙරුන් ගුරුබසට අවනත වුනා. සෙමෙන් සෙමෙන් චතුමධුර වළඳන්ට පටන් ගත්තා. සාරිපුත්තයන් වහන්සේගේ ඉර්ධිබලය නිසා චතුමධුර අතුරුදහන් වුනේ නෑ. එදා ලෝසකතිස්ස තෙරණුවෝ කුස පිරෙන තාක් වැළඳුවා. එදාම පිරිනිවන් පෑවා.

සියළු භික්ෂූන් වහන්සේලාට මෙය මහත් සංවේග දායක සිද්ධියක් වුනා. දම්සභා මණ්ඩපයේ රැස් වූ භික්ෂූන් වහන්සේලා මේ ලෝසකතිස්ස තෙරුන්ගේ අවාසනාවත්, අරහත්වෙන්ට ඇති වාසනාවත් ගැන කතාබස් කරමින් සිටියා. එතකොට අපගේ භාග්‍යවතුන් වහන්සේ එතනට වැඩම කොට වදාළා.

"මහණෙනි, ලෝසක පෙර ආත්මෙක රහත් භික්ෂුවකගේ ලාභයට අනතුරු කළා.... ඒ නිසා ලැබීම නැතිවුනා. නමුත් ඒ ආත්මේ හොඳින් විදර්ශනාව පුරුදු

කළා. ඒ නිසයි නිකෙලෙස් වන අයුරින් ප්‍රඥාව දියුණුව තිබුනේ.”

එතකොට ඒ භික්ෂූන් වහන්සේලා ලෝසක තෙරුන්ගේ පෙර ආත්මයේ කථාව කියා දෙන්ට කියලා භාග්‍යවතුන් වහන්සේගෙන් ඉල්ලා සිටියා. භාග්‍යවතුන් වහන්සේ මේ ජාතකය වදාළා.

පින්වත් මහණෙනි, අතීතයේ කාශ්‍යප තථාගතයන්ගේ කාලයේ ඒ සසුනේ පැවිදි වූ භික්ෂුවක් එක්තරා ගමක වාසය කළා. ඒ ගමේ ගම් ප්‍රධානියා මේ භික්ෂුවට කුටියක් කරවා දුන්නා. මොහුත් සිල්වත්ව විදර්ශනා භාවනාව පුරුදු කරමින් වාසය කළා. දවසක් එක රහත් තෙර නමක් එක් තැනක දිගටම නොවසන නිසා අනුපිළිවෙලින් ඇවිත් අර ගම්ප්‍රධානියා ඉන්න ගමට පැමිණියා. තෙරුන් වහන්සේගේ ශාන්ත ඉරියව් දුටු ගම් ප්‍රධානියා බලවත් සේ පැහැදුනා. තම නිවසට වඩමවා ගෙන දන්පැන් පූජා කළා.

“ස්වාමීනී... අපෙත් විහාරයක් තියෙනවා. එහෙ වඩින්ට. මං හවස් යාමයේ ඔබවහන්සේව බලන්ට එන්නම්...”

එතකොට තෙරුන් වහන්සේ ඒ විහාරයට වැඩම කොට එහි නේවාසිකව සිටි වැඩිමහළු තෙරුන්ට වන්දනා කළා.

“ආ... ඇවැත්නි... දානෙ කොහොමද අද...?”

“දානෙ වැළඳුවා ඇවැත්නි...”

“ඒ කොහෙන්ද...?”

"ඔබවහන්සේගේ මේ ගමේ ගම් ප්‍රධානියාගේ නිවසේදී..."

නේවාසික තෙරුන් මේ ආගන්තුක තෙරුන්ට කුටියක් පිළියෙල කොට දුන්නා. ගම් ප්‍රධානියා හවස් වරුවේ සුවඳ මල්, තෙල් ආදිය ගෙන්වාගෙන තමන්ගේ විහාරයට ගියා. නේවාසික තෙරුන්ට වන්දනා කළා.

"ස්වාමීනී... එක් ආගන්තුක තෙර නමක් වැඩියා නේද?"

"එසේය උපාසක..."

"උන්නාන්සේ කොහේද ඉන්නේ...?"

"ආන්න අතන අර කුටියේ..."

එතකොට ඒ ප්‍රධාන දායකයා ඒ ආගන්තුක තෙරුන් බැහැදැක වන්දනා කොට එකත්පස්ව වාඩිවෙලා බණ ටිකකුත් ඇසුවා. පහුවදා දානෙට තම නිවසට වඩින්ට කියලා දෙනමටම ආරාධනා කළා. නේවාසික තෙරුන් මෙහෙම හිතුවා.

'අපේ දායක උන්නැහේ මං ගැන අපැහැදිලාවත්ද...? මේ ආගන්තුක භික්ෂුව දිගටම නැවතුනොත් මාව ගණන් නොගෙනම ඉඳීවි කියලා' කියලා තෙරුන් කෙරෙහි අමනාප වුනා. තෙරුන් වහන්සේට එතැනින් යන්ට කටයුතු සදන්ට ඕනෑ කියලා සිතා ගත්තා.

එදා ආගන්තුක තෙරුන් නේවාසික තෙරුන්ට වත් කළා. නමුත් වචනයක් කතා කළේ නෑ. තෙරුන් වහන්සේට මේ භික්ෂුව තමන් ඉන්නවාට අකමැති බව

තේරුනා. එතකොට තෙරණුවෝ නිශ්ශබ්දව තමන්ගේ භාවනා කටයුතුවල යෙදුනා. පසුවදා නේවාසික භික්ෂුව සිය නියපිටින් ගෙඩියට තට්ටු කළා. නියපිටින් දොරට තට්ටු කළා. තමන් සිවුර පොරවාගෙන දායකයාගේ නිවසට ගියා.

"අනේ ස්වාමීනී.... අපේ ආගන්තුක තෙරුන් වැඩියේ නැත්තේ ඇයි...?"

"ඔබේ කුළුපග තෙරුන් ගැන විස්තර කියන්ට මං දන්නෙ නෑ. මං ගෙඩියත් ගැහුවා. දොරටත් තට්ටු කළා. කෝ... අවදි වුනේ නෑනේ... මං හිතන්නේ ඊයේ ඔබගේ නිවසේ ප්‍රණීත දානය වළඳා දිරවා ගන්ට බැරිව නින්දට වැටෙන්ට ඇති! බලන්ට... ඔබ පැහැදුනොත් පහදින්නේ ඔය වගේ අය ගැන නොවැ..."

ඔය අතරේ ආගන්තුක තෙරණුවෝ දානය වඩින්ට වෙලාව සළකා පාසිවුරු ගෙන අහසින්ම වෙනත් පළාතකට වැඩියා. එදා දායක පින්වතා ගිතෙල් මී සකුරු ආදියෙන් යුතු ප්‍රණීත කිරිබතින් නේවාසික භික්ෂුවට දානෙ පූජා කළා.

"අනේ ස්වාමීනී.... අපගේ ආගන්තුක තෙරුන්ට ගමන් වෙහෙස ඇති. ඒකයි සැතපෙන්ට ඇත්තේ. උන්වහන්සේට මේක දෙන්ට" කියලා ඉතා හොඳින් සුවඳවත් පසුම්බියක දාලා දානය සකසා නේවාසික තෙරුන්ගේ අතට දුන්නා. මොකවත් නොකියා තෙරුන් එය ගත්තා. අරගෙන යන ගමන් කල්පනා කළා. 'හප්පේ! මේකාට මේ වගේ දානයක් දුන්නොත් බෙල්ලෙන් අල්ලා එළියට දැම්මත් යන එකක් නෑ. මේක මනුස්සයෙකුට දෙන්ටත් බෑ. එතකොට මිනිස්සු දැනගන්නවා. වතුරකට

දාන්ටත් බෑ. එතකොට ගිතෙල් උඩට මතුවෙනවා. බිමක දාන්ටත් බෑ. කපුටො වටවෙනවා. එතකොට දූනගන්නවා. මං මේකට මොකදෑ කරන්නේ...?' කියලා සිත සිතා යද්දී කුඹුරක ඇවිලෙන ගින්නක් දැක්කා. එතනට ගිහින් ඒ ගින්නේ අඟුරු මැත් කරලා එතනට අත්හැරියා. ආයෙමත් අඟුරුවලින් වැහුවා. විහාරයට ගියා. ආගන්තුක භික්ෂුව ඉන්නවාද කියලා බැලුවා. ඒ තෙරුන් වැඩලා. එතකොටයි නේවාසික භික්ෂුවට සිහි උපන්නේ. 'අයියෝ! ඒ රහතන් වහන්සේ නමක් නොවැ. මගේ අදහස් දූනගෙන වැඩලා වගේ... ආහාරයක් නිසයි මගේ අතින් උන්වහන්සේට මේ වැරැද්ද වුනේ...' කියලා සිත් තැවුලක් හටගත්තා. එදා සිට ඒ භික්ෂුව අසනීප වුනා. ටික දවසකින් මිය ගිහින් නිරයේ උපන්නා.

නිරයේ අවුරුදු ලක්ෂ ගාණක් දුක්වින්දා. එතනින් චුතවෙලා එකදිගටම පන්සිය වාරයක් යක්ෂ ආත්මයේ උපන්නා. එතෙක් කාලයක් කුසපුරා ආහාරයක් ලැබුනේ නෑ. එකම දවසක් කුස පිරෙන්න ගැබ් මළක් ලැබුනා. ඊට පස්සේ එක දිගට පන්සිය වාරයක් බලු ආත්මයේ උපන්නා. ඒ පන්සිය ආත්මෙටම එක දවසක් බඩ පිරෙන්ට වමනයක් ලැබුනා. එතනින් චුතවෙලා කසී රටේ ඉතාම දිළිඳු ගමක දිළිඳු පවුලක පිරිමි ආත්මයක් ලැබුනා. එදා පටන් ඒ ගෙදරට කැඳ වතුරවත් නෑ. ඔහුට 'මිත්තවින්දක' යන නම ලැබුනා. මිත්තවින්දකගේ මව්පියන්ට මොහු උපන්දා සිට තියෙන බඩගින්න උහුලාගන්ට බැරිව මොහුව ගෙදරින් පැන්නුවා. කිසිවක් කරකියාගන්ට බැරිව ඔහු ඇවිද ඇවිද බරණැසට ආවා.

ඒ කාලෙ මහාබෝධිසත්වයෝ බරණැස දිසාපාමොක් ආචාර්යයන් වෙලා සිටියේ. පන්සියයක්

තරුණයන්ට ශිල්ප ඉගැන්නුවා. ඒ කාලෙ එතුමා බරණැස දිළිඳු ළමයින්ට නොමිලේ ශිල්ප උගන්නනවා. මේ මිත්තවින්දකත් බෝධිසත්වයන් ළඟට නොමිලේ උගන්වන පන්තියට බැඳුනා. නමුත් මොහු දුෂ්ටයි. අවවාදයක් අහන්නේ නෑ. අනිත් අයට පහර දෙනවා. බෝධිසත්වයන්ගේ අවවාදයවත් අහන්නේ නෑ. මොහුව ගත්තු දා පටන් බෝධිසත්වයන්ගේ ආදායම් මාර්ග වැහිලා ගියා. එතැනින් වෙනත් තරුණයන් සමඟ ආරවුල් හදාගෙන පළාගියා. කාලෙකට පස්සේ මොහු තමන්ට සෑහෙන දිළිඳු ස්ත්‍රියක් සහේට ගත්තා. දරුවො දෙන්නෙකුත් ලැබුනා. ගමේ මිනිස්සු මිත්තවින්දකව පණිවිඩපණත් ගෙනියන්ට පත්කළා. එදා පටන් ඒ ගමට වගතුවක් නෑ. සත් වතාවක් ආණ්ඩුවෙන් දඩ ගැහැව්වා. සත් වතාවක් වැව බිඳුනා. මිත්තවින්දකයා නිසයි මෙහෙම වෙන්නේ කියලා ගමේ කතා වුනා. ගම්මු එකතු වෙලා ඔවුන්ව ගමෙන් පැන්නුවා.

කරකියාගන්ට දෙයක් නැතුව මේ සතර දෙනා වනාන්තරයට ගියා. එතනදී දරුවන්වත්, බිරිඳවත් වනයේ ඉන්න අමනුෂ්‍යයන් මරාගෙන කෑවා. මිත්තවින්දක එතනිනුත් පළාගියා.

මිත්තවින්දක මුහුදුබඩ වරායක් අසළට ආවා. වරායෙ කම්කරුවෙක් වුනා. නැව පිටත්වෙන දවසේ ඒ නැවට නැග්ගා. නැව දවස් හතක් මුහුදේ කරදරයක් නැතුව යාත්‍රා කළා. සත්වෙනි දවසේ මුහුද මැද නැවතුනා. ඔවුන් නැවේ පව්කාරයෙක් ඇති කියලා තුණ්ඩු දැම්මා. සත්වතාවෙම තුණ්ඩුව ලැබුනේ මිත්තවින්දකටයි. එතකොට නැවේ සිටිය මිනිස්සු ඔහුට උණපතුරු පහුරක් දීලා මුහුදට දැම්මා. එසැණින්ම නැව පිටත් වුනා.

මිත්තවින්දක උණපතුරු පහුරේ වැතිරී මුහුදේ පාවී සිටියා. ඒ වෙලාවේ කාශ්‍යප බුද්ධ ශාසනයේ පැවිදිව ආරක්ෂා කළ සීලයේ අනුසස් මතුවුනා. මුහුද මත පළිඟු විමානයක සිටි විමාන ප්‍රේතියක් මොහුව තමන් ළඟට කැඳවා ගත්තා. විමාන ප්‍රේතියත් සතියක් සැප විඳිනවා. සතියක් දුක් විඳිනවා. සැප විඳින සතියේ ඔහු ඈ ළඟ සිටියා. දුක් පටන් ගත්තු ගමන් මිත්තවින්දක එතැනින් ඉවත්ව ආයෙමත් පහුර දමාගෙන මුහුදේ ගියා. මේ විදිහට රන් විමානයක, රිදී විමානයක, මැණික් විමානයක සිටිය විමාන ප්‍රේතියන් එක්ක කල්ගත කළා. එතැනිනුත් ඉවත් වෙලා යද්දී මුහුද මැද යක්ෂයෙක්ගේ දූපතකට ගොඩබැස්සා. එහි එක් යක්ෂණියක් එළු දෙනකගේ වේශයෙන් සිටියා. මිත්තවින්දක මං එළුමස්වත් කන්ට ඕනෑ කියලා එළුදෙනගේ පයින් ඇද්දා. එතකොට යකින්නි මොහු උස්සා ඈතට වීසි කළා. මිත්තවින්දක වේගයෙන් මුහුදුදිය මතින් ගොස් බරණැස් පුර දිය අගල අයිනේ එක් කටු ලැහැබකට පෙරලී වැටුනා.

ඒ කාලෙ ඒ දිය අගල අයිනේ සැරිසරන රජ්ජුරුවන්ගේ එළුදෙන්නු හොරු පැහැරගන්නවා. එළුපාලකයෝ හොරුඅල්ලන්ට පඳුරු අස්සේ සැඟවී උන්නා. මිත්තවින්දක වැටුනු තැනත් එළිච්චියක් හිටියා. මිත්තවින්දක මෙහෙම හිතුවා. 'මං එකවතාවක එළිච්චියකගේ කකුලෙන් ඇදලා මෙතනට වීසි වෙලා ආවා. මේ එළිච්චියගේ කකුලෙන් ඇද්දොත් මං හිටිය මුහුද මැද විමාන දේවතාවිය ළඟට වීසි වෙලා යාවි' කියලා එළිච්චියගේ කකුලෙන් ඇද්දා. එළිච්චිය ළතෝනි දුන්නා. එළුපාලකයෝ ඒ ශබ්දයට අනුව එතනට දුවගෙන ඇවිත් 'මේන්න එළු හොරා අහුවුනා...' කියලා හොඳට ම

ගහල තලල බැඳගෙන රජ්ජුරුවන් ළඟට අරගෙන ගියා.

ඒ වෙලාවේ බෝධිසත්වයෝ පන්සියයක් සිසුන් සමඟ නාන්ට යනවා. මිත්තවින්දකව බැඳගෙන යනවා දැකලා හඳුනාගත්තා. එළුපාලකයන්ට කතා කළා.

"දරුවෙනි.... මේ මගේ ගෝලයෙක්... මොකද මෙයාව අරගෙන යන්නේ...?"

"ස්වාමී.... මේකා අපේ එළුදෙනකගේ කකුලෙන් ඇද්දා.... ඒකයි අල්ලාගත්තේ...."

"අනේ එහෙනම් මේකාව අපට දාසයෙකුව කරලා දෙන්ට. අපි නිසා ජීවත් වෙන්නේ නැතෑ...."

ඉතින් ඔවුන් මිත්තවින්දකව නිදහස් කළා.

"ඈ... මිත්තවින්දක... උඹ මෙතෙක් කල් කොහේද ගියේ...?" එතකොට ඔහු සියළු විස්තර කිව්වා. එය අසා සිටි බෝධිසත්වයෝ මේ ගාථාව කිව්වා.

"යමෙක් යහපත පතා කෙනෙකුට
කරයි නම් අවවාද දයාවෙන්
නමුත් එය ඔහු නොම අසයි නම්
එළුදෙනගේ පයින් ඇදපු
මිත්තක මෙන් ශෝක කරන්නේ"

කියලා අවවාද කළා.

මහණෙනි, ඔය ලෝසකතිස්ස ඒ කස්සප බුද්ධ කාලෙන් පස්සේ මේ තාක්ම තුන්වේලයි කුසපිරෙන්ට අනුභව කරලා තියෙන්නේ. යක්ෂ ආත්මෙක සිටියදී කුස පිරෙන්ට ගැබ්මළ කන්ට ලැබුනා. බලු ආත්මෙක සිටියදී

කුස පිරෙන්ට වමනයක් කන්ට ලැබුනා. පිරිනිවන් පානා දවසේ සාරිපුත්තයන්ගේ ආනුභාවය නිසා කුසපිරෙන්ට චතුමධුර ලැබුනා. මේ නිසා කිසි දිනෙක අනුන්ගේ ලාභයට අනතුරු කරන්ට හොඳ නෑ. මහණෙනි, ඒ කාලෙ මිත්තවින්දක වෙලා සිටියේ මේ ලෝසකතිස්ස. දිසාපාමොක් ආචාරීන් වෙලා සිටියේ මමයි" කියලා මේ ජාතකය වදාළා.

02. කපෝතක ජාතකය

බෝසත් පරෙවියාගේ කථාව

පින්වතුනේ, පින්වත් දරුවනේ,

කෑමට ඇති අධික ලොල් බව නිසා බොහෝ දෙනෙක් ලෙඩ රෝග වලට ගොදුරු වෙනවා. අඩු ආයුෂයෙන් මැරෙන අවස්ථා තියෙනවා. සමහරුන් සොරකමට පෙළඹෙනවා. හොරෙන් කනවා. අධික ලොල් බව හේතුවෙන් මෙවැනි බොහෝ කරදරවලට බඳුන් වෙනවා. මෙයත් එබඳු කථාවක්.

අපගේ භාග්‍යවතුන් වහන්සේ සැවැත් නුවර ජේතවනයේ වැඩසිටින කාලයේ ආහාරයට අධික ලොල් බවින් යුතු භික්ෂුවක් සිටියා. මොහුගේ මේ අසාමාන්‍ය වූ ගිජුකම කැපී පෙනුනා. එතකොට භික්ෂූන් වහන්සේලා මොහුව භාග්‍යවතුන් වහන්සේ ළඟට කැඳවාගෙන ගියා. මේ භික්ෂුව ආහාරයට දක්වන දැඩි ගිජුකම ගැන සැළකළා. භාග්‍යවතුන් වහන්සේ ඒ භික්ෂුවගෙන් ඒ බව ඇසුවා.

"හැබෑද භික්ෂුව ඔබ ඔය කියන තරම්ම ආහාරයට ගිජුද...? භික්ෂුව... ඔබ පෙර ආත්මෙකත් ඔහොම තමයි. ආහාරයට අධික ගිජුකම නිසා මරණයට පත්වෙන්ට සිදුවුනා.... නුවණැත්තා නිසා තමන්ට ඉන්ට ලැබුණු තැනත් නැති වුනා."

එතකොට භික්ෂූන් වහන්සේලා ඒ භික්ෂුවගේ අතීත කථාව අසන්ට කැමති වුනා. එය කියාදෙන මෙන් භාග්‍යවතුන් වහන්සේගෙන් ඉල්ලා සිටියා. භාග්‍යවතුන් වහන්සේ මේ ජාතකය වදාළා.

පින්වත් මහණෙනි, ගොඩාක් ඉස්සර කාලෙක බරණැස් පුරයේ බ්‍රහ්මදත්ත නම් නමින් රජ්ජුරු කෙනෙක් වාසය කළා. ඒ කාලේ බෝධිසත්වයන් පරෙවි යෝනියේ උපන්නා. ඒ දවස්වල බරණැස් නුවර මිනිස්සු පින් සළකාගෙන තැන් තැන්වල දහයියා පුරවපු කූඩු හදලා කුරුල්ලන් උදෙසා එල්ලුවා. බරණැස් සිටුවරයාගේ අරක්කැමියාත් තමන්ගේ කුස්සියේ දහයියා දමාපු කූඩුවක් එල්ලලා තිබ්බා. බෝසත් පරෙවියා එතැනයි වාසය කළේ. පරෙවියා උදෙන්ම ගොදුරු සොයාගන්ට පිටත් වෙනවා. සවස් වෙද්දී කූඩුවට එනවා.

එක දවසක් කපුටෙක් ඔය කුස්සිය ළඟින් ඉගිල යද්දී පිසින ලද මස් මාංසවල සුවඳ දැනුනා. ඒ ගැන දැඩි ආශාවක් හටගත්තා. ළඟම අත්තක වැසුවා.

"ම්... හොඳ මනාප සුවඳක් නොවැ... මාත් මොකා...ක් හරි උපායකින් මස් මාංස කන්ට ඕනෑ..." කියලා හිතමින් ඉන්න කොට ඒ සවස් යාමේ බෝසත් පරෙවියා කුස්සිය ඇතුළට පියඹා යනවා දැක්කා. පහුවදා පරෙවියා ගොදුරු පිණිස කුස්සියෙන් පිටතට පියඹා ගියා. එතකොට කපුටත් පරෙවියා පස්සෙන් පියාඹන්ට පටන් ගත්තා.

"හා... හා... කපුටෝ... මේ මොකෝ...? මොකෝ... මගේ පස්සෙන් එන්නේ...."

"අනේ.. ස්වාමී... නුඹවහන්සේගේ ක්‍රියාකලාපය ගැන මං ගොඩාක් පැහැදුනා. මං කැමතියි තමුන්නාන්සේට උවටැන් කරන්ට."

"මිත්‍රය... ඔබ ගොදුරට ගන්නේ වෙන දේවල්... මං ගොදුරට ගන්නේ වෙන දේවල්... ඒ නිසා ඔය උපස්ථාන හරියන්නේ නෑ..."

"අනේ ස්වාමී.... නුඹවහන්සේ ගොදුරු සොයා යද්දී මාත් මගේ ගොදුරු සොයාගෙන යන්නම්. ඊට පස්සේ නුඹවහන්සේ සමඟම යන්නම්."

"හොඳයි... එහෙනම් අප්‍රමාදීව කටයුතු කරන්ට" කියලා පරෙවියා ගොදුරු සොයාගෙන ගිහින් බීජ වර්ග අනුභව කළා. කපුටා වෙනම ගිහින් ලොකු ගොම පිඩක් ඩැගැගත්තා. එහි පිරී සිටිය පණුවන් කා කුස පුරවා ගත්තා. කපුටා බෝසත් පරෙවියා ළඟට ඇවිත් අවවාද කරන්ට පටන් ගත්තා.

"ස්වාමී.... ආහාර හොයන්ට ගොහින් සෑහෙන වෙලාවක් ගියා නොවැ.... ඔහොම ගොඩාක් කන එක තමුන්නාන්සේට හොඳ නෑ..." කියලා පරෙවියා කුස්සිය ඇතුළට පියඹා යද්දී කපුටත් ඒ පස්සෙන්ම ගියා. අරක්කැමියා මේක දැක්කා.

"හා... හා.... අපේ පරෙවියාට යාළුවෙක් ලැබිලා වගෙයි" කියලා කපුටා වෙනුවෙනුත් කූඩුවක් එල්ලුවා. එදා පටන් දෙන්නාම කුස්සියේ වාසය කළා.

දවසක් සිටුතුමාට බොහෝ මස් මාංශ ලැබුනා. එදා අරක්කැමියා කුස්සියේ තැන් තැන්වල ඒවා එල්ලුවා. කපුටාට මස් දැකලා ඉවසුම් නෑ.

"හප්පේ! මං නම් වෙන කෑම හොයන්ට යන්නේ නෑ... මෙතනම ගැවසිලා මස් ටිකක් කන්ට ඕනෑ" කියලා රෑ තිස්සේ වැතිරිලා සිටියා. උදේ පරෙවියා කපුටාට කතා කළා.

"මිත්‍ර කපුටෝ... හා... යමු යමු..."

"අනේ ස්වාමී.... තමුන්නාන්සේ යන්ට... මට බඩේ රුජාවක්...."

"බඩේ රුජාවක්...? හනේ.... මේ.... කපුටන්ට කොයින්ද බඩේ රුජා....? රෑ තුන් යාමේ එක් යාමෙක බඩගින්නට සිහි නැතිවෙනවා නොවැ...! ගිතෙල් පහන් වැටියක් ගිලපු දවසකටයි ටිකා...ක් සැනසීමක් තියෙන්නේ... නුඹ මේ ඉන්නේ මස් කන්ට ආසාවෙන් වෙන්ට ඕනෑ... යමු යමු... මිනිසුන්ගේ කෑම නුඹට හිතන්ටත් බැරි දෙයක්.... ඕහොම හිතන්ට නම් එපා.... හරි යමු.... මාත් එක්ක ගිහින් වෙනද වගේ මොනව හරි කන්ට බැරියැ..."

"අනේ ස්වාමී.... මට නම් අද යන්ට බැරියෝ...." කියල කපුටා වැතිරුනා.

"හා... ඒකට කමක් නෑ... නුඹ මේ කෑමවලට විතරක් ලෝභකම් කරන්නට එපා..." කියලා පරෙවියා ගොදුරු පිණිස පියඹා ගියා. අරක්කැමියා නොයෙක් මස් මාංස වර්ග පිළියෙල කළා. භාජනවල රස්නෙ අඩුවෙන්න වැසුම් ඇරලා තිබ්බා. කුස්සියෙන් එළියට ඇවිත් දහඩිය පිසිමින් හිටියා.

කපුටා කූඩුවේ සිට හෙමිහිට ඔළුව උස්සා බැලුවා. කවුරුත් පේන්ට නෑ. 'හා...! දැන් මගේ ප්‍රාර්ථනා ඉටු

කරගන්ට කාලයයි...! එතකොට මං කන්නේ පොඩි මස් කෑල්ලද? ලොකු මස් කෑල්ලද? නෑ... පොඩි එකකින් බඩ පිරෙන්නේ නෑ... ලොකු මස් කුට්ටියක්ම කන්ට ඕනෑ...' කියලා කූඩුවෙන් පහළට ආවා. මස් බඳුනේ වැහැව්වා. මස් බඳුන පෙරළුනා. අරක්කැමියා දුවගෙන ආවා.

"හප්පේ...! මේ කාක්කා අපේ සිටුතුමාට හදපු මස් ටික ගිලින්ට ඇවිත්... මං ජීවත් වෙන්නේ සිටුතුමා නිසා මිස තෝ නිසා නෙවෙයි" කියලා දොර වහලා කාක්කාව අල්ලා ගත්තා. තටු ගැලෙව්වා. එතැන තිබුනු අඹරපු ඉඟුරු, ලුණු, ගොරකා ඇඟේ ඉලුවා. කාක් කූඩුවට දැම්මා. කපුටා වේදනාවෙන් ගැහි ගැහී වැතිරිලා හිටියා.

බෝසත් පරෙවියා හවස ඇවිත් දුකට පත් කපුටාව දැක්කා. "අහෝ.... මිත්‍ර... මගේ වචනය ඇසුවේ නෑ... මහා දුකකට පත්වුනා නේද?" කියා මේ ගාථාව කිව්වා.

"යමෙක් යහපත පතා කෙනෙකුට
කරයි නම් අවවාද දයාවෙන්
නමුත් එය ඔහු නොම අසයි නම්
පරෙවියාගේ වචන නොම ඇසූ
සතුරන් අතට පත් කපුටා වගේ
දුකින් වැතිරෙන්නේ"

කියලා දැන් ඉතින් මෙතන වාසය කිරීම සුදුසු නෑ' කියා වෙනත් ප්‍රදේශයකට පියඹා ගියා. කපුටා එතනම මරණයට පත්වුනා. අරක්කැමියා කපුටු මළකඳ කුණු ගොඩට වීසි කළා.

භික්ෂුව, දැක්කා නේද ආහාරයට ලොල් වීම නිසා ඒ ආත්මයේ ඔබ මහා දුකකට පත්වුනා. මේ ආත්මෙටත්

ඒ පුරුද්ද ගෙනවා. දූන්වත් මේ දුක් උපදවන ලෝභකමින් නිදහස් වෙන්ට කියලා චතුරාර්ය සත්‍යය දේශනා කොට වදාළා. ඒ දේශනාව අවසානයේ ඒ භික්ෂුව අනාගාමී ඵලයට පත්වුනා. "එදා මහණෙනි, කපුටා වෙලා උපන්නේ මේ භික්ෂුව. පරෙවියාව සිටියේ මමයි" කියා මේ ජාතකය වදාළා.

03. වේළුක ජාතකය
වේළුක නැමැති විෂඝෝර සර්පයාගේ කථාව

පින්වතුනේ, පින්වත් දරුවනේ,

අකීකරුකම කියන්නේ කෙනෙකුගේ ජීවිතයක ඇති ඉතාම අවාසනාවන්ත දෙයක්. මොනතරම් යහපත් අවවාදයක් කළත් ඒ තැනැත්තා එයට ඇහුම්කම් දෙන්නේ නෑ. තමන් හිතන දේ විතරක්ම කරනවා. එබඳු අකීකරු කෙනෙකු ගැනයි මේ කථාවෙන් කියවෙන්නේ.

ඒ දිනවල භාග්‍යවතුන් වහන්සේ වැඩසිටියේ සැවැත් නුවර ජේතවනයේ. ජේතවනයේම එක්තරා භික්ෂුවක් හිටියා. ඉතාමත් අකීකරුයි. ඔහුට හිතෙන දේ ම යි කරන්නේ. කිසිම වැඩිහිටි භික්ෂුවකගේ යහපත් අවවාදයකට සවන් දෙන්නේ නෑ. භික්ෂූන් වහන්සේලා මේ භික්ෂුව භාග්‍යවතුන් වහන්සේ ළඟට කැඳවාගෙන ගිහින් මොහුගේ අකීකරුකම ගැන සැළකළා. එතකොට භාග්‍යවතුන් වහන්සේ ඒ භික්ෂුවගෙන් ඒ ගැන විමසා වදාළා.

"හැබෑද භික්ෂුව? ඔබ කිසිම අවවාදයක් ගණන් ගන්නේ නැද්ද?"

"එහෙමයි ස්වාමීනී"

"ඔබ භික්ෂුව, පෙර ආත්මයේත් ඔය දුර්වලකමෙන් යුක්තව සිටියා. ඒ නිසා නුවණැත්තන්ගේ වචනයට ඇහුම්කම් නොදීම හේතුවෙන් භයානක සර්පයෙකුගේ දෂ්ට කිරීමකින් මැරෙන්ට සිද්ධ වුනා."

එතකොට භික්ෂූන් වහන්සේලා මේ භික්ෂුවගේ අතීත ජීවිතය ගැන කථාව කියාදෙන්ට කියලා භාග්‍යවතුන් වහන්සේගෙන් ඉල්ලා සිටියා. භාග්‍යවතුන් වහන්සේ මේ ජාතකය වදාළා.

"පින්වත් මහණෙනි, ඉස්සර කාලෙක බරණැස් පුරයේ බ්‍රහ්මදත්ත නමින් රජ්ජුරු කෙනෙක් වාසය කළා. මහා බෝධිසත්වයෝ කසී රටේම මහා ධනවත් පවුලක උපන්නා. වියපත් වුනාට පස්සේ කාමයන්ගේ දොස් පෙනෙන්ට පටන් ගත්තා. මේ නිසා ගිහි ගෙදර අත්හැරියා. හිමාලයට ගිහින් ඍෂිවරයෙක් වුනා. ධ්‍යාන අභිඥා උපදවා ගත්තා. කලක් ගතවෙද්දි මේ බෝසත් ඍෂිවරයා ළඟ පන්සියයක් පමණ තවුස් පිරිසක් ඇතිවුනා.

දවසක් එක්තරා විෂඝෝර සර්පයෙක් බඩගාගෙන යද්දී එක් තාපසයෙකුගේ කුටියට ආවා. තාපසයා සිතුවේ මේ ආවේ තමන්ගේ සංසාරගත පුත්‍රයෙක් කියලයි. ඌව උණපුරුකක දමා ගත්තා. ඌව ඇතිදැඩි කළා. ඒ සර්පයාත් උණපුරුකේම නිදන්ට පුරුදු වුනා. ඒ නිසා අනිත් තවුසන් ඒ සර්පයාට 'වේළුක' කියා නමක් දැම්මා. පුත්‍ර ස්නේහයෙන් මේ සතාව ඇති කරන නිසා 'වේළුක පියා' කියලා තාපසයාට නම වැටුනා. එතකොට බෝසත් තාපසයාට එක් තවුසෙක් භයානක සර්පයෙකු උණ පුරුකක දමාගෙන ඇතිකරනවා කියා දැනගන්ට ලැබුනා.

ඔහුව කැඳවා ඒ ගැන විමසුවා.

"හැබෑද තාපසය...? ඔබ භයානක සර්පයෙකු උණ පුරුකක දමාගෙන ඇති කරනවා කියන්නේ...?"

"එසේය ආචාර්යපාදයෙනි..."

"තාපසය... ඔය සර්පයන්ව කවදාවත් විශ්වාසෙට ගන්ට එපා! මහා විපතක් වෙන්ට පුළුවනි. එනිසා වහාම ඒ සතාට කැලේට යන්ට අරින්ට..."

"අනේ... ආචාර්යතුමනි... මට ඒක කොහෙත්ම කරන්ට අමාරුයි. ඒ මගේ පුත්‍රයෙක්... එයා නැතිව මං කොහොම ඉන්ටද...?"

"තාපසය... ඔය සර්පයා නිසා ඔබට නිකරුණේ මැරෙන්ට සිද්ධ වෙයි. නුවණින් කල්පනා කර කටයුතු කරන්ට..." කියලා අවවාද කළා. නමුත් ඒ තවුසා තම ගුරුදේව තවුසාගේ අවවාදය ගණන් ගත්තේ නෑ. සර්පයාව දිගටම පෝෂණය කළා.

කීප දිනකට පස්සේ සියළු තාපසවරු පලා ගෙඩි ආදිය නෙළන්ට ඈත ප්‍රදේශයට පිටත් වුනා. වේළුක පියාත් තම සර්පයාව උණපුරුකේ නිදි කරවා පැත්තකින් තැන්පත් කර අර තාපසයින් සමඟ පිටත් වුනා. ඒ ප්‍රදේශයේ බොහෝ පලා එල තිබූ නිසා එහි දවස් දෙක තුනක් නැවතුනා. වේළුක පියාත් වේළුකයාට කෑම ටිකක් දෙන්ට ඕනෑ කියලා "එන්ට මාගේ පුත්‍රය... දැන් දවස් දෙක තුනකින් කෑමක් දෙන්ට බැරි වුනා නොවැ... කෝ එන්ට...." කියලා උණ පුරුකට අත දැම්මා. නිරාහාරව කෝපයෙන් සිටිය සර්පයා ඒ තාපසයාට දෂ්ට කළා. උණ පුරුකෙන් බැහැලා කැලේට ගියා. තවුසා එතැනම මළා.

බෝසත් තවුසා ඔහුගේ අවසන් කටයුතු කරවා තවුස් සමූහයා රැස් කොට මේ ගාථාව කිව්වා.

"යමෙක් යහපත පතා කෙනෙකුට
කරයි නම් අවවාද දයාවෙන්
නමුත් එය ඔහු නොම අසයි නම්
වේළුකයාගේ පියා ලෙසින්
ඔහු එයින් වැනසෙන්නේ"

කියලා අනිත් තවුසන්ට සිහිය ඉපැද්දෙව්වා. බෝසත් තවුසා මරණින් මතු බඹලොව උපන්නා.

භික්ෂුව, දැනුත් ඔබ ඒ පැරණි අකීකරුකම පවත්වනවා. පෙර ආත්මයේත් සර්පයෙකුගේ ප්‍රහාරයෙන් මියයන්ට වුනෙත් අකීකරුකම නිසයි. දැන්වත් ඒ දුර්වලකමෙන් නිදහස්වෙන්ට කියා අවවාද කළා. මහණෙනි, එතන සිටිය තාපස පිරිස බුදු පිරිසයි. වේළුක පියා වෙලා හිටියේ මේ අකීකරු භික්ෂුවයි. ආචාර්ය ඉසිවරයා මමයි" කියා ජාතක දේශනය වදාළා.

04. මකස ජාතකය

මැස්සන් හා යුද්ධ කළ මෝඩයින්ගේ කථාව

පින්වතුනේ, පින්වත් දරුවනේ,

අධික මෝඩකම ජීවිතයකට කොහෙමත්ම තිබිය යුතු නෑ. ඒ බලවත් මෝඩකම නිසා තමාත් නොයෙක් කරදරවලට ලක්වෙනවා. තමන් ඇසුරු කරන අයත් අමරුවේ වැටෙනවා. දැන් කියවෙන්නේ එබඳු කථාවක්.

ඒ දිනවල අපගේ භාග්‍යවතුන් වහන්සේ මගධ ජනපදයේ චාරිකාවේ වඩිමින් සිටියේ. සැවැත් නුවර සිට මගධයට වඩින අතරේ එක්තරා පිටිසර ගමකට පැමිණුනා. ඒ ගමේ වැඩිපුර ඉන්නේ මහා මෝඩ මිනිස්සු. දවසක් මේ අන්ධබාල මිනිස්සු රැස්වෙලා මෙහෙම කතා වුනා.

"හප්පේ... අපට මේ මැස්සන්ගෙන් හරී...ම කරදර. අපට කැලේකට ගොහින් කිසිම වැඩක් කරගන්ට නෑ. මැස්සන් ඇවිත් විදිනවා. උන්ට අපේ ලේ බොන්ටමයි ඕනෑ... මේ කරදරකාරී මැස්සෝ නිසා අපේ වැදගත් කටයුතු අඩාල වෙනවා."

"ඒක හරි... අපට දැන් හැමදාම මැස්සන්ට යටත්

වෙලා ඉන්ටයි වෙලා තියෙන්නේ. අපි කඩු, දුනු, ඊතල ආදිය අරගෙන ගොහින් එක්වරම මැස්සන් සමඟ යුද්දෙකට බහිමු... දුටු දුටු තැන මැස්සන්ට විදිමු. පහර දෙමු. එතකොට වැඩේ දවසින් කම්මුතුයි...."

ඉතින් මේ මෝඩ මිනිස්සු දුනු, ඊතල අරගෙන වනාන්තරයට ගියා. මැස්සන් දුටු දුටු තැන විද්දා. පහර දුන්නා. ඒ හේතුවෙන් ඔවුන්ගේ අතපය තුවාල වුනා. ඔවුන්ටම ඊතල වැදුනා. කඩුපහර වැදුනා. මහත් වේදනාවෙන් ඇවිත් ඇතුළුගමේත්, ගම මැදත්, ගම් දොරකඩත් වැටුනා.

භාග්‍යවතුන් වහන්සේ භික්ෂු සංඝයා පිරිවරාගෙන ඒ ගමට පිණ්ඩපාතේ වැඩියා. ඒ ගමේ සිටිය නුවණැති මිනිස්සු භාග්‍යවතුන් වහන්සේව දැකලා මණ්ඩපයක් තැනෙව්වා. බුද්ධ ප්‍රමුඛ මහා සංඝයාට මහා දන් දුන්නා. භාග්‍යවතුන් වහන්සේට වන්දනා කොට එකත්පස්ව හුන්නා. තුවාල වෙලා තැන් තැන්වල වැටී ඉන්න මිනිසුන් දැකලා භාග්‍යවතුන් වහන්සේ මෙහෙම ඇහුවා.

"උපාසකවරුනි.... මේ මිනිස්සු ගිලන්වෙලා මොකද? මක්කරන්ට ගිහින්ද මෙහෙම වුනේ...?"

"අනේ ස්වාමීනි... මේ මිනිස්සු මැස්සොත් එක්ක යුද්දෙකට වනාන්තරයට ගියා නොවැ. ගිහින් මැස්සන් කෙසේ වෙතත් තම තමන්ට විදගෙන, තම තමන්ට කපා කොටාගෙන තමයි ඔය මැසි යුද්දෙන් බැටකාලා ඇවිත් වැටිලා ඉන්නේ."

"උපාසකවරුනි.... දැන් විතරක් නොවෙයි. ඉස්සරත් මිනිස්සු මැස්සන් සමඟ යුද්ධ කරන්ට ගොහින් තමන්ටම

පහර දී ගත්තා. මැස්සන්ට ගහනවා කිය කියා අනුන්ට ගහපු මිනිස්සු ඉස්සරත් හිටියා.

එතකොට ඒ මිනිස්සු මැස්සන්ට දඬුවම් කරන්ට ගිය මිනිසුන්ගේ කථාව කියා දෙන්ට කියලා භාග්‍යවතුන් වහන්සේගෙන් ඉල්ලා සිටියා. භාග්‍යවතුන් වහන්සේ මේ ජාතකය වදාළා.

"උපාසකවරුනි... බොහෝම ඉස්සර කාලෙක බරණැස් පුරයේ බ්‍රහ්මදත්ත නමින් රජ්ජුරු කෙනෙක් රාජ්‍ය කළා. ඒ කාලයේ බෝධිසත්වයෝත් බරණැස ඉපදිලා වෙළඳාමෙන් ජීවත් වුනේ. ඒ දවස්වල කසී රටේ ඈත පිටිසර ගමක බොහෝ ලී වඩුවෝ සිටියා. ඔවුන් අතර සිටි එක් වයසක වඩුවෙක් ගසක් සහිනවා. එතකොට එක මැස්සෙක් ඇවිත් ඒ වඩුවාගේ කෙස් නැති තඹ තහඩුවක් බඳුව පෙනෙන හිස් මුදුනට සැතකින් පහර දෙනවා වගේ මුව තුඩින් විද්දා. වඩුවා ළඟ උන්නු තමන්ගේ පුත්‍රයාට කතා කළා.

"අනේ පුතේ... මෙහෙ වරෙන්... බලාපන් මගේ හිසේ මැස්සෙක් වහලා.... සැතකින් පහර දෙනවා වගේ විදින්නේ... ඒකාව වළක්වාපන් පුතේ..."

"හරි තාත්තේ.... පොඩ්ඩක් ඉවසන්න. මං එකපාරින් ඒකාව මරන්නම්..." කිව්වා. ඒ වෙලාවේ බෝධිසත්වයෝ තමන්ට ලී වගයක් සොයන්ට ඒ ගමට ගිහින් ඒ ශාලාවේ වාඩිවෙලා සිටියේ.

"කෝ පුතේ... මැස්සාව තාම අයින් කළේ නැනේ..."

"හරි තාත්තේ.... මං දැන් එනවා...." කියලා තියුණු පොරොවක් උස්සාගෙන ආවා. මැස්සාට වැරෙන් ගහන්ට

ඕනෑ කියලා තමන් පියාගේ හිස මතට පොරොවෙන් ගැහැව්වා. හිස දෙපලු වෙලා ගියා. මේ මහා මෝඩ වැඩේ දුටු බෝධිසත්වයෝ මේ ගාථාව පැවසුවා.

"සතුරා වුනත් නැණවතා උතුම්
මෝඩ මිතුරා නම් වැඩක් නැතේ
මැස්සෙකු මරනා මෝඩ පුතෙක්
සිය පියාගේ හිස දෙපලු කළේ"

උපාසකවරුනි, ඉස්සරත් මෝඩ මිනිස්සු මැස්සන් සමඟ දබරෙට ගිහින් තමන්ටයි හානි කරගත්තේ. ඒ කාලේ නුවණැති වෙළෙන්දාව සිටියේ මමයි" කියලා භාග්‍යවතුන් වහන්සේ මේ ජාතකය වදාළා.

05. රෝහිණී ජාතකය

රෝහිණී දාසියගේ කථාව

පින්වතුනේ, පින්වත් දරුවනේ,

මේ කථාවෙන් කියවෙන්නේ අධික මෝඩකම ගැනයි. සාමාන්‍යයෙන් බොහෝ දෙනෙකු අතින් මෝඩකම් කෙරෙනවා. ඒ මෝඩකම් නිසා පස්සේ පසුතැවෙන්නත් සිද්ධවෙනවා. මේ මෝඩකම් සාමාන්‍ය මෝඩකම්වලට වඩා භයානකයි.

ඒ දිනවල අපගේ භාග්‍යවතුන් වහන්සේ වැඩසිටියේ සැවැත් නුවර ජේතවනයේ. ඒ දවස්වල අනේපිඬු සිටුතුමාගේ නිවසේ රෝහිණී නමින් දාසියක් සිටියා. දවසක් ඈ වී කොටන තැනට ඇවිත් ඇගේ මහළු මැණියන් පැදුරක් එළාගෙන වැතිරුනා. එතකොට ඒ මැහැලියව මැස්සෝ වටකරගත්තා. ඉදිකටුවලින් විදිනවා වගේ විදින්ට පටන්ගත්තා. ඈ තම දියණියට මෙහෙම කිව්වා.

"අනේ දුවේ... මේං... මැස්සෝ මාව වටකරගෙන විදිනවා.... මේ මැස්සන්ව එළවාපං...."

"හරි අම්මේ.... මං මැස්සෝ එළවන්නං..." කියලා වී කොටමින් සිටින මෝල්ගහෙන්ම මැස්සෝ වහන

වහන තැන්වලට වැරෙන් පහර දුන්නා. මෝල්ගස් පහර කාපු ඒ මහළු අම්මා එතනම මැරුනා. අම්මාගේ කතාවක් නැති නිසා ඈ මළ බව තේරුනා. එතකොට ඈ අම්මාව බදාගෙන වැළපෙන්ට පටන් ගත්තා.

අනේපිඬු සිටුතුමාට මේ සිදුවීම දැනගන්ට ලැබුනා. සිටුතුමා ඇවිත් ඇගේ අවසන් කටයුතු කෙරෙව්වා. ජේතවනයට ගිහින් භාග්‍යවතුන් වහන්සේට මේ සියලුම විස්තර පවසා සිටියා.

"ගෘහපතිය.... ඔය දාසිය ඔය වැඩේ කළේ මේ ආත්මේ විතරක් නොවෙයි. කලින් ආත්මෙකත් මැස්සන් එළවන්ට ගොහින් තමන්ගේ අම්මාට මෝල්ගහෙන් පහර දීම නිසා ඈ මැරුනා...."

එතකොට සිටුතුමා ඒ යටගිය කථාව කියාදෙන්ට කියා භාග්‍යවතුන් වහන්සේගෙන් ඉල්ලා සිටියා. භාග්‍යවතුන් වහන්සේ මේ ජාතකය වදාළා.

"ගෘහපතිය.... ගොඩාක් ඉස්සර කාලෙක බරණැස් නුවර බ්‍රහ්මදත්ත නම් රජ්ජුරු කෙනෙක් රාජ්‍ය කළා. මහා බෝධිසත්වයෝ බරණැස් සිටු පවුලේ ඉපදිලා සිටුවරයාගේ අභාවයෙන් පසු සිටු තනතුරට පත්වුනා. ඒ සිටුතුමාටත් රෝහිණී නමින් දාසියක් සිටියා. දවසක් දාසිය වී කොටන තැනට ඇගේ මහළු අම්මා ඇවිත් හාන්සි වුනා. මැස්සන් ඒ මැහැලිය වටකරගෙන විදින්ට පටන් ගත්තා.

"අනේ දුවේ... මේ මැස්සන් එළවාපං..." කියලා වී කොටමින් ඉන්න සිය දුවට කිව්වා. එතකොට ඒ දුව අම්මාගේ ඇගේ මැස්සන් වහන කොට ඒ මැස්සන්ට

මෝල් ගහෙන් ගැහැව්වා. ඒ හේතුවෙන් අම්මා මරණයට පත්වුනා. බෝසත් සිටුතුමාට එය අසන්නට ලැබුනා. එතකොට ඔහු මේ ගාථාව කිව්වා.

"නුවණ තියෙන සතුරා උතුම්
දයාවන්ත මෝඩයාට වඩා
බලන්ට මේ මෝඩ රෝහිණී
මැස්සන් එළවන්ට ගොහින්
මව් නසා ශෝකෙන් ඉන්නේ"

ගෘහපතිය, මැස්සන් මරන්ට ගොහින් මව් මැරුවේ දැන් විතරක් නොවෙයි. එදාත් කළේ මේකමයි. එදා මව් වෙලා උන්නේ මේ මව්මයි. දුව වෙලා උන්නේ ඔය දුවමයි. බරණැස් මහසිටුවරයා වෙලා උන්නේ මමයි."

06. ආරාමදූසක ජාතකය

උයන වැනසූ වඳුරන්ගේ කථාව

පින්වතුනේ, පින්වත් දරුවනේ,

අනුවණයන්ට වැඩ භාරදීමෙන් නැති කරදර ඇතිවෙනවා. ඒ වගේම බොහෝ පාඩු සිදුවෙනවා. විසඳ ගන්ට බැරි ප්‍රශ්න ඇතිවෙනවා. ඒ අනුවණයන්ගේ කටයුතු නිසාමයි.

ඒ දිනවල භාග්‍යවතුන් වහන්සේ කොසොල් ජනපදයේ චාරිකාවේ වඩිද්දී එක්තරා ගමකට වැඩියා. ඒ ගමේ සිටිය ප්‍රධානියෙක් භාග්‍යවතුන් වහන්සේට ආරාධනා කොට තමන්ගේ උයනේ වඩා හිඳුවා බුදුන් ප්‍රමුඛ මහා සංඝයාට දානය පූජා කළා. ඊට පස්සේ ඔහු භික්ෂූන්ට මෙහෙම කිව්වා.

"ස්වාමීනී, ඔබවහන්සේලා නිදහසේ මේ උයනේ ඇවිද බලන්ට."

භික්ෂූන් වහන්සේලා නැගිට උයනේ ගස්වැල් බල බලා ගියා. ගස් කොළං නැති මිදුලක් දැකපු භික්ෂූන් වහන්සේලා ඔහුගෙන් ඒ ගැන විමසුවා.

"උපාසකය... මේ උයනේ අනිත් හැම තැනම හොඳ සිනිඳු හෙවන තියෙනවා. අතන විතරක් මොකෝ

ගස් කොළං මොකවත් නැත්තේ....?"

"අනේ ස්වාමීනී... මේ උයනේ ගස් හිටුවන කාලේ. මං ගමේ කොලු ගැටයෙක් වැඩට ගත්තා. මං ඒ ළමයාට හොඳට බලලා හිට ගස්වලට වතුර දමන්ට කිව්වා. එතකොට මේ කොළුවා සිටවපු පැළ උදුර උදුර මුල් තෙමිලද බලනවා. බල බලා වතුර දාන්ට පටන් ගත්තා. ඒ නිසා ඒ පැළ ඔක්කොම මැරිලා ගියා. ඒකයි ඔතන මිදුල වගේ වුනේ...."

එතකොට භික්ෂූන් වහන්සේලා භාග්‍යවතුන් වහන්සේව බැහැදක මේ කාරණය කියා සිටියා.

"මහණෙනි... ඔය ගම් දරුවා උයන විනාශ කළේ මේ ආත්මයේ විතරක් නොවෙයි. කලින් ආත්මෙකත් උයනක් විනාශ කළා..." කියලා ඒ යටගිය කථාව මෙසේ වදාළා.

"පින්වත් මහණෙනි, ඉස්සර කාලෙක බරණැස් නුවර බ්‍රහ්මදත්ත නම් රජ්ජුරු කෙනෙක් රාජ්‍ය කළා. දවසක් බරණැස් නුවර නැකත් වෙලාව දනුම් දුන්නා. ඒ නැකත් වෙලාවට බෙර ගහනවා. සක් පිඹිනවා. සීනු නාද කරනවා. එතකොට නගරවාසීන් උත්සවවලට එහෙ මෙහෙ යනවා.

ඒ දවස්වල රජ්ජුරුවන්ගේ උයනේ බොහෝ වඳුරෝ සිටියා. උයන්පල්ලා මෙහෙම සිතුවා.

'නැකත ලබලා වගෙයි. ඔය හැමතැනම බෙර සද්දෙ ඇහෙන්නේ... මාත් නැකත් කෙළියට යන්ට ඕනෑ' කියලා උයනේ ඉන්න ප්‍රධාන වඳුරාට කතා කළා.

"සගය.... වඳුරු නායකය.... මේ උයන තොපටත් මහෝපකාරයි... තොපත් මෙහි මල් දළු ගෙඩි කනවා නොවැ. ඇහුනා නේද මහා බෙර සද්දේ.... නැකත ලබලා...! නගරයේ නැකත් කෙලි පටන් අරන්... මාත් එහෙ යන්ට ඕනා.... ඉතින් මා එනකම් මේ උයනේ අතන අළුතින් සිටවාපු පැළවලට වතුර දමන්ට පුළුවන්ද...?"

"ඔව්... ඔව්... මං වතුර දමන්නම්...." කියලා නායක වඳුරා පිළිතුරු දුන්නා. එතකොට උයන්පල්ලා වතුර වත් කරන භාජනයි, වතුර ගේන දිය ලබ්බයි වඳුරාට දුන්නා. එතකොට වඳුරෝ ඔක්කොම වැඩේට එකතු වුනා. වතුර ලබ්බෙන් වතුර ගෙනත් ගෙනත් පැළ වලට දමන්ට පටන් ගත්තා. නායක වඳුරා මෙහෙම කිව්වා.

"හා... හා.... බලාගෙනයි....! වතුර නාස්ති කරන්ට එපා....! තොපි ඉස්සෙල්ලා පැළ ගලව ගලවා මුල් තෙමිලාද බලාපල්ලා.... මුල ගැඹුරට ගිය පැළවලට ටිකාක් වැඩිපුර වතුර දැම්මාම ඇති..."

එතකොට එතනින් නුවණැති මිනිසෙක් යමින් සිටියා. ඔහුට පැළවලට වතුර දමමින් සිටින වඳුරන්ව දකින්ට ලැබුනා.

"අනේ වඳුරනේ.... මොකදෑ මේ යස අගේට හිටවපු පැළ උදුර උදුර මුල්වල ප්‍රමාණය බල බල වතුර දමන්නේ....?"

"අපට අපේ නායක වඳුරා උපදෙස් දුන්නේ මෙහෙම තමයි..." කියලා වඳුරන් පිළිතුරු දුන්නා. එය ඇසූ ඔහු "අනේ අඥානයන් යහපත කරනවා කියලා අයහපතමයි කරන්නේ" කියලා මේ ගාථාව පැවසුවා.

"කැපවීමෙන් වැඩකරනා මෝඩ කෙනා අතින්
සැපය සුවය සදනා දෙය වැනසෙනවා නිතින්
වැඩගන්නට ගියොත් මෙසේ අනුවණයා වෙතින්
ඔහුට ලැබෙයි වඳුර නිසා නැසුණු උයන ලෙසින්"

මෙසේ මහණෙනි, ඒ නුවණැති පුරුෂයා නායක වඳුරාගේ මෝඩ ක්‍රියාවට සරදම් කොට නික්ම ගියා. එදා නායක වඳුරා වෙලා උයනේ පැළ උදුරපු කෙනාම මෙදා ගමේ කොළුවෙක් වෙලා ඒ වැඩේම කළා. එදා නුවණැති පුරුෂයා වෙලා හිටියේ මමයි" කියලා මේ ජාතකය වදාළා.

07. වාරුණිදූසක ජාතකය

නරක් වූ සුරාව ගැන කථාව

පින්වතුනේ, පින්වත් දරුවනේ,

වගකීමක් දෙන්ට ඕනෑ යමක් තේරෙන කෙනෙකුටයි. මෝඩ අයට වගකීම් භාරදීමෙන් බොහෝ පාඩු සිදුවෙනවා. මෙයත් එබඳු කථාවක්.

ඒ කාලෙ භාග්‍යවතුන් වහන්සේ වැඩසිටියේ සැවැත් නුවර ජේතවනයේ. ඒ දවස්වල අනේපිඬු සිටුතුමා දන්නා හඳුනන කෙනෙකුට සුරා කඩයක් තිබුනා. මොහු එතැන හොඳට මෝරාපු රා විකුණනවා. දවසක් ලොකු රා හැලියක් පිළියෙල කළා. තමන්ගේ සේවකයාට කතා කළා.

"ළමයෝ මං නාගෙන එන්ට යනවා. දැන් රා බොන්ට මිනිස්සු ඒවි. ඔවුන්ගෙන් මුදල් අරගෙන රා විකුණාපන්. මං ඉක්මනින් එන්නම්..."

එතකොට මිනිස්සු ඇවිත් රා මිලට ගත්තා. රා බොන අතරේ වරින් වර ලුණු කැට කටේ දා ගන්නවා දැක්කා. එතකොටයි සේවකයා ඒක දැක්කේ 'හප්පේ...! අද රා හැලියට ලුණු දමන්ට බැරි වෙලා වගෙයි' කියලා නැළියක් පමණ ලුණු දාලා රා හැලිය හොඳට කළවම් කළා. ඊට පස්සේ රා බොන්ට ආපු මිනිස්සු කටට ගත්තු

ගත්තු රා වීසි කළා.

"මොකක්ද නුඹ රා හැළියට කළේ...?" කියලා ඇහැව්වා.

"අනේ... මෙහෙ ඇවිත් රා බොන අය ලුණු කැට කටේ දා ගන්නවා. මං හිතුවේ රා වලට ලුණු මදිවෙලා වෙන්ට ඇති කියලා. ලුණු නැළියක් දාලා දිය කළා...."

"අනේ මෝඩයෝ.... අපූරු රා ටික වනසලා දැම්මා" කියලා ඔවුන් ඒ කොළුවාට බැන බැන නැගිට නැගිට ගියා. වෙළෙන්දා නාගෙන ආවා. කඩේ කවුරුවත් නෑ.

"මොකද ළමයෝ අද පාළු...? මිනිස්සු ආවේ නැද්ද...?"

එතකොට කොළුවා වෙච්චි දේ විස්තර කළා.

"අයියෝ! මෝඩයෝ.... තෝ එහෙනම් මගේ රා හැලිය විනාස කළා..." කියලා හොඳටම දොස් කිව්වා. මේ වෙළෙන්දා ඒ සිදුවීම අනේපිඬු සිටුතුමාට කිව්වා. සිටුතුමා භාග්‍යවතුන් වහන්සේව බැහැදකින්ට ගිහින් වන්දනා කොට එකත්පස්ව සිටියා. මේ සිදුවීම සැළකළා.

"ගෘහපතිය.... ඔය කොළුවා මේ ආත්මයේ විතරක් නෙමෙයි. පෙර ආත්මෙකත් ඔය වැඩේම කළා." එතකොට අනේපිඬු සිටුතුමා ඒ යටගිය කථාව කියාදෙන්ට කියලා භාග්‍යවතුන් වහන්සේගෙන් ඉල්ලා සිටියා. භාග්‍යවතුන් වහන්සේ මේ ජාතකය වදාළා.

"ගෘහපතිය, ගොඩාක් ඉස්සර කාලෙක බරණැස් පුරයේ බ්‍රහ්මදත්ත නම් රජ්ජුරු කෙනෙක් වාසය කළා.

ඒ කාලෙ බෝධිසත්වයෝ බරණැස් සිටුවරයා වෙලා හිටියේ. ඒ සිටුවරයාගේ ප්‍රදේශයේ සුරා කඩයක් දාගත්තු වෙළෙන්දෙක් සිටියා. ඔහු හොඳට මෝරපු රා මේ ගමේ තබාගෙන විකුණනවා. දවසක් තමන්ගේ කොණ්ඩඤ්ඤ නමැති ගෝලයාට කඩය බාරදීලා නාන්ට ගියා. කඩේ ආපු මිනිස්සු රා බොන අතරේ ලුණු කැට සපනවා දකින්ට ලැබුනා. එතකොට ගෝලයා සිතුවේ රා වලට ලුණු මදි කියලා. ඔහු නැළියක් පමණ ලුණු රා හැලියට දාලා හොඳට කළවම් කළා. කඩයට ඇවිත් රා ගත්තු මිනිස්සු කලින් වගේම බැන බැන ගියා. ඒ රා හැලිය ඔය විදිහට විනාස වෙලා ගියා. වෙළෙන්දා මේ කාරණය සිටුතුමාට ගිහින් කිව්වා. අනුවණයෙකුට වැඩක් බාරදුන්නාම ඔහොම තමයි. හොඳක් කරනවා කියලා හිතාගෙන නරකක්මයි කරන්නේ කියලා මේ ගාථාව පැවසුවා.

"කැපවීමෙන් වැඩකරනා මෝඩ කෙනා අතින්
සැපත සුවය සදනා දෙය වැනසෙනවා නිතින්
වැඩගන්නට ගියොත් මෙසේ අනුවණයා වෙතින්
ඔහුට ලැබෙයි කොණ්ඩඤ්ඤගෙ නැසුන සුරා ලෙසින්"

ගෘහපතිය, එදා කොණ්ඩඤ්ඤ නමින් අර වෙළෙන්දාගේ ගෝලයා වෙලා රා හැළිය වනසපු කෙනාමයි මෙදාත් ඔබේ මිත්‍රයාගේ රා හැළිය වැනසුවේ. එදා බරණැස සිටුවරයාව සිටියේ මමයි" කියා මේ ජාතකය වදාළා.

08. වේදබ්භ ජාතකය

වේදබ්භ මන්ත්‍රය දත් බමුණාගේ කථාව

පින්වතුනේ, පින්වත් දරුවනේ,

අකීකරුකම කියන්නේ කාටවත්ම හොඳ නැති දෙයක්. සමහරු හිතාගෙන ඉන්නේ වැඩිහිටියන්ගේ බසට බාලයන් පමණක් කීකරුවීම හරි කියලයි. තමන්ට වඩා වයසින් බාල, තමන්ගේ දරුවෙක් වුනත්, ගෝලයෙක් වුනත් යම් හදිසි අවස්ථාවක වැදගත් උපදෙසක් දෙනවා නම් ඒ ගැන සලකා බැලීම යුතුමයි. එය නොකිරීම නිසා වචනයෙන් කිව නොහැකි තරම් පාඩු සිදුවෙනවා. මෙයත් එබඳු කථාවක්.

ඒ දිනවල භාග්‍යවතුන් වහන්සේ වැඩවාසය කළේ සැවැත් නුවර ජේතවනයේ. ඒ ජේතවනයේම ඉතාම අකීකරු භික්ෂුවක් වාසය කළා. ඒ භික්ෂුව හිතාගෙන හිටියේ තමන්ට හැමදෙයක්ම තේරෙනවා කියලයි. ඉතින් දවසක් භික්ෂූන් වහන්සේලා ඒ භික්ෂුව භාග්‍යවතුන් වහන්සේ ළඟට කැඳවාගෙන ගියා. ඔහුගේ ඇති දුර්වලකම ගැන කියා සිටියා. භාග්‍යවතුන් වහන්සේ ඒ භික්ෂුවගෙන් මේ ගැන විමසා වදාළා.

"හැබෑද භික්ෂුව, ඔබ බොහොම අකීකරුයි කියන්නේ...?"

"එහෙමයි, ස්වාමීනී."

"භික්ෂුව.... ඔබේ ඔය අකීකරුකම මේ ආත්මයේ විතරක් තියෙන දෙයක් නෙවෙයි. පෙර ආත්මයේත් තිබුනා. එදා ඒ අකීකරු බව නිසාම නුවණැත්තන්ගේ වචනයට ඇහුම්කම් දුන්නේ නෑ. හිතුවක්කාර විදිහට කටයුතු කළා. ඒ නිසාම මහමග කඩුපාර කා මැරෙන්න සිදුවුනා. තමන් නිසාම දහසක් පුරුෂයන්ගේ ජීවිතත් විනාශ වුනා...."

එතකොට භික්ෂූන් වහන්සේලා මේ භික්ෂුවගේ යටගිය කථාව කියාදෙන්ට කියලා භාග්‍යවතුන් වහන්සේගෙන් ඉල්ලා සිටියා. භාග්‍යවතුන් වහන්සේ මේ ජාතකය වදාළා.

"මහණෙනි, ගොඩාක් ඉස්සර කාලෙක බරණැස් පුරයේ බ්‍රහ්මදත්ත කියලා රජ කෙනෙක් වාසය කළා. ඒ කාලේ එක්තරා ගමක බ්‍රාහ්මණයෙක් වාසය කළා. මොහු වේදබ්භ නැමැති මහා බලගතු ඉතාම අනර්ඝ මන්ත්‍රයක් දන්නවා. හරියටම පිහිටන නැකැත් තරු යෝගයකට ඒ මන්ත්‍රය ජපකරලා අහස බැලුවොත් අහසෙන් සත් රුවන් වැස්සක් වැටෙනවා. බ්‍රාහ්මණයා මේ මන්ත්‍රය වෙන කාටවත්ම දුන්නේ නෑ.

ඒ දවස්වල මහාබෝධිසත්වයන් ඒ බ්‍රාහ්මණයා යටතේ ශිල්පශාස්ත්‍ර හදාරනවා. දවසක් බ්‍රාහ්මණයාත්, බෝසත් මානවකයාත් සමඟ කිසියම් කරුණකට සිය ගමෙන් පිටත් වෙලා චේතිය ජනපදයට ගියා. ඒ ගමන යද්දී අතරමැද මහා වනාන්තරයක් මැදින් යන්ට තියෙනවා. පඤ්චවිධ යවන සොරු හෙවත් පේසනක හොරු නමින් පන්සියයක සොර මුලක් වාසය කළා. ඔවුන්ට පේසනක

සොරු කියන්නේ කිසියම් තේරුමක් ඇතුවයි. ඔවුන් කරන්නේ මං පහරන එක. වනේ මැද්දෙන් දෙන්නෙක් ගියොත් එක්කෙනෙක්ව අල්ලාගෙන අනිකා නිදහස් කරනවා. එතකොට ඔහු ගිහින් ධනය ගෙනැවිත් සොරුන්ට දීලා රඳවා ගත්තු කෙනාව නිදහස් කරගන්නවා. තාත්තයි පුතාවයි අහුවුනොත් තාත්තාව රඳවාගෙන පුතාව පිටත් කරනවා. අම්මයි දුවයි අල්ලගත්තොත් දුව රඳවාගෙන අම්මාව නිදහස් කරනවා. ගුරුවරයායි ගෝලයායි අල්ලගත්තොත් ගුරුවරයාව තියාගෙන ගෝලයාව පිටත් කරනවා. එදාත් බ්‍රාහ්මණයායි, බෝධිසත්වයන්වයි සොරුන්ට අහුවුනා. ඔවුන් බ්‍රාහ්මණයාව රඳවාගත්තා. ධනය අරගෙන එන්ට කියලා බෝධිසත්වයන්ව නිදහස් කළා.

බෝධිසත්වයන් සිය ආචාර්ය බ්‍රාහ්මණයාට වන්දනා කළා.

"ආචාර්යපාදයෙනි.... භය වෙන්ට කාරි නෑ... මං දවසකින් දෙකකින් ධනයත් අරගෙන ආපසු එනවා...." කියලා බ්‍රාහ්මණයාගේ කනට ළං වෙලා මෙහෙම කිව්වා. "ආචාර්යපාදයෙනි.... මං අවසාන වශයෙන් ඉල්ලීමක් කරනවා. ඒක ඉෂ්ට කරන්ටම ඕනෑ..."

"ඒ මොකක්ද?"

"අද සත් රුවන් වස්සන නැකත් යෝගය ආපු දවස. බැරි වෙලාවත් මේ සොරුන්ගේ කරදර ඉවසන්ට අමාරුයි කියලා මන්ත්‍රය පිරිවහලා ධනය වස්සවන්ට නම් එපා!"

"ඇයි එපා කියන්නේ...?"

"ආචාර්‍යපාදයෙනි.... එහෙම වුනොත් මහා විනාශයක් වේවි. මේ සොරු ඔබව පණ පිටින් තියන එකක් නෑ. මේ සොරුත් වැනසී යාවි...."

එතකොට බ්‍රාහ්මණයා බිම බලාගෙන නිශ්ශබ්දව අසාගෙන සිටියා. බෝධිසත්වයන් සිය ආචාර්‍යපාදයන් නිදහස් කරගැනීමට ධනය රැගෙන එන්ට පිටත්වෙලා ගියා. සොරු බ්‍රාහ්මණයාගේ අත්පා බැඳලා වැතිරෙව්වා. ක්‍රමයෙන් හිරු බැස ගියා. පෙරදිගින් පුන්සඳ මඬල පායා ආවා. රෑ බෝ වෙද්දී හරි අගේට නැකැත් තරු පේන්න පටත් ගත්තා. බ්‍රාහ්මණයා මෙහෙම කල්පනා කළා.

"මං මොකටද මෙහෙම දුක් විඳින්නේ.... සත් රුවන් වස්සන නැකැත් තරු පේනවා නොවැ. මන්ත්‍රය ජප කරලා සත්‍රුවන් වැස්සුවා නම් ඉවරයි නොවැ. මොවුන්ට ඕනෑ වස්තුව නොවැ...."

බ්‍රාහ්මණයා හොරුන් ඇමතුවා.

"එම්බා සොරුනි... කියාපල්ලා ඇයි තොපි මෙහෙම කරන්නේ...."

"අපට ධනය ඕන බව තේරෙන්නේ නැද්ද?"

"හරි තොපිට ධනය නොවැ ඕනෙ... ඉක්මනින් මාව ලිහපන්. මාව නාවලා අලුත් වස්ත්‍රයක් අන්දවාපං... ඇඟේ සුවඳ තවරාපං.... මල් මාලාවක් පලන්දාපං... වාඩි කරවාපං... නුඹලාට ඕනෑවටත් වඩා ධනය ලැබේවි...."

එතකොට සොරු ඒ විදිහටම කළා.

බ්‍රාහ්මණයා හොඳට අහස බැලුවා. නැකැත්

තරු පිහිටන ආකාරය හැදෙන කොට ඒ දිශාවට හැරී වේදබ්බ මන්ත්‍රය මතුරන්ට පටන් ගත්තා. නිසි අවස්ථාව බ්‍රාහ්මණයාට තේරුනා. එතකොට අහස බැලුවා. 'සලාං... සලාං...' යන හඬින් සත්රුවන් වැසි වැටුනා. සොරු ඒ සත්රුවන් එකතු කොට තම තමන්ගේ උතුරු සළුවල පොදියක් කොට ගැටගසා ගත්තා. ඔවුන් පිටත් වුනා. බ්‍රාහ්මණයාත් ඔවුන්ගේ පිටුපසින් පිටත් වුනා. මොවුන්ව අතරමගදී පන්සියයක වෙනත් හොරු රැළකට අහුවුනා. "දීපිය අපිට තොපේ ධනය" කියලා ආයුධ ඇතුව කඩා පැන්නා. එතකොට හොරු මෙහෙම කිව්වා.

"සගයෙනි.... තොපටත් ධනය ඕනෑ නම් ඕන්න ඉන්නවා.... මේ බ්‍රාහ්මණයා. මොහුව අල්ලා ගනිව්.... මොහු මහා අද්භූත මන්ත්‍රයක් දන්නවා. අහස බලලා ධනය වස්සවනවා.... අපි ළඟත් තියෙන්නේ ඔහු දීපු ධනය තමයි...."

එතකොට ඒ හොර මුල බ්‍රාහ්මණයාව අල්ලා ගත්තා.

"හරි බ්‍රාහ්මණය... දැන් අපිට ධනය දීපං..."

"අනේ හොරුනේ.... මේ අහපං... ඔය නැකැත හැමදාම එන්නේ නෑ... අවුරුද්දකට එක් වතාවයි ආකාසේ නැකැත් තරු පිහිටන්නේ... තව අවුරුද්දක් ඉවසුවොත් මං තොපට ධනය වස්සවා දෙන්නම්."

එතකොට සොරුන් හොඳටම කිපුනා.

"ඈ... බොල දුෂ්ට බ්‍රාහ්මණය.... දැන්ම අනිත් එවුන්ට ධනය වස්සවලා අපට අවුරුද්දක් බලාන ඉන්ටද කියන්නේ....?" කියල මහපාරෙම බ්‍රාහ්මණයා කඩුවෙන්

කොටා මරා දැම්මා. වේගයෙන් සොරුන්ව පන්නාගෙන ගියා. ඔවුන් එකිනෙකා අතර බිහිසුණු යුද්ධයක් හටගත්තා. අර මුල් සොර මුලේ පන්සිය දෙනාම මේ සොරුන් අතින් මරණයට පත්වුනා. ඊට පස්සේ ඒ සොරුන් මේ ධනය නිසා කණ්ඩායම්වලට බෙදිලා යුද්ධ කළා. අන්තිමේදී දෙන්නයි ඉතුරු වුනේ.

ඒ දෙන්නා ධනයත් අරගෙන ගම කිට්ටුව කැලෑ රොදක ධනය හැංගුවා. එක්කෙනෙක් කඩුවක් තියාගෙන රැකගෙන හිටියා. අනිකා හාල් ගෙනත් බතක් පිසින්ට ගමට ගියා. එතකොට ධනය මුරකරන සොරා මෙහෙම හිතුවා. 'හරි... දැන් බත් මුලත් අරගෙන ඒවිනේ... ආපු ගමන් ඒකාට කඩුවෙන් කොටනවා... එතකොට ඒ ප්‍රශ්නෙත් ඉවරයි. මේ ධනය ඔක්කොම මා සතු වෙන වෙලාව වැඩි ඈත නෑ....!'

අනිකා මෙහෙම හිතුවා. 'මං මොකටද මෙතරම් ධනයකින් කොටසක් තව කෙනෙකුට දෙන්නේ...? හරි... මං දන්නවා කළ යුතු දේ... මේ බත් මුලට වස දැම්මාම වැඩේ හරි...! ඊට පස්සේ ඔක්කොම මා සතුයි නොවැ...' කියලා ඔහු තමන්ගේ බත් එක මුලින්ම කෑවා. බත් මුලට වස දැම්මා. බත් මුලත් අරගෙන එතනට ගියා විතරයි අර සොරා පැනපු ගමන් කඩුවෙන් ඔහුව දෙපලු කළා. තනියම හිනහා වෙවී බත්මුල ලිහාගෙන කන්ට පටන් ගත්තා. එතැනම ඇරී වැටුනා.

බෝධිසත්වයන් සිය ආචාර්ය බ්‍රාහ්මණයා බේරා ගන්නා අදහසින් ධනයත් සොයාගෙන වනයට ආවා. එතන කවුරුවත් නෑ. තැන් තැන්වල විසිරුණු සත්රුවන් තිබුනා.

"අයියෝ! ආචාර්යපාදයන් මාගේ වචනය අහල නෑ වගේ... දැන් මක්වෙලාද දන්නෙ නෑ...." කියලා වන මැද්දේ මාවතේ දිගටම ගියා. අතරමග මහපාරේ බ්‍රාහ්මණයා කඩුපහරින් මැරී සිටින අයුරු දකින්ට ලැබුනා.

'අනේ මගේ වචනයට ඇහුම්කම් දුන්නා නම් මෙහෙම වෙන්නේ නෑ' කියලා දර රැස් කොට, චිතකයක් කොට, බ්‍රාහ්මණයාගේ සිරුර දවා, මල් පූජා කොට, අනිත් අයට කුමක්ද වුනේ බලන්ට ඉදිරියට ගියා. තැන් තැන්වල ඔවුන්ගේ මළසිරුරු වැටී තිබුනා. මේ සොරුන්ව මැරූ තවත් සොරුන් ඇති. ඔවුන්ටත් මේ විපතම වෙන්ට ඇති කියලා තවදුරටත් සොයා බලද්දී තව තවත් මළසිරුරු දකින්ට ලැබුනා. අන්තිමට ගම් සීමාවටම ගියා. වනවදුලක මැරී සිටින දෙන්නාත්, පොට්ටනියකට ගොඩගැසූ සත්රුවන් ධනයත් දකින්ට ලැබුනා. බෝධිසත්වයන් මහත් කම්පාවෙන් යුතුව මේ ගාථාව පැවසුවා.

"යමෙක් සොයයි නම් යහපත වැරදි මගින්
හානියක්ම සිදුවෙනු ඇති ඔහුට එයින්
නැසුවා සොරුන් බමුණා ඒ ලෙසම කලෙන්
වැනසුනි ඒ සියලු දෙන ඔහු කරපු වැඩෙන්"

කියලා බෝධිසත්වයන් ආපසු හැරී ගියා. කලකට පසු උපක්‍රමයෙන් ඒ වස්තුව තමන්ගේ නිවසට අරගෙන ආවා. එය වියපැහැදම් කොට දානාදී බොහෝ පින්කම් කළා. මරණින් මතු දෙවියන් අතරට ගියා.

මහණෙනි, එදා තම ශිෂ්‍යයාගේ වචනයට ඇහුම්කම් දුන්නා නම්, බ්‍රාහ්මණයා බේරෙනවා. නමුත් අකීකරුකම නිසා මහා විනාශයකට පත්වුනා. එදා වේදබ්බ මන්ත්‍රය දත් බ්‍රාහ්මණයා වෙලා විපතට පත්වුනේ අදත් අකීකරුව

සිටින මේ භික්ෂුවමයි. එදා ශිෂ්‍ය මානවකයා වෙලා සිටියේ මමයි" කියලා මේ ජාතකය වදාළා.

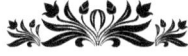

09. නක්ඛත්ත ජාතකය

මගුල් කැඩූ නැකත ගැන කථාව

පින්වතුනේ, පින්වත් දරුවනේ,

අද පවා බොහෝ දෙනෙක් තමන් කරන කටයුත්තේ වටිනාකම දන්නේ නෑ. ඒ නිසා ඔවුන් තමන්ගේ කටයුත්තට ප්‍රධානත්වය නොදී සුභ නැකතකට ප්‍රධානත්වය දෙනවා. නමුත් එතනදී වටින්නේ තමන් විසින් කරනු ලබන කටයුත්තයි. මෙය වටහා නොගැනීම නිසා අද පවා බොහෝ වටිනා දේවල් ඇතැමුන්ට අහිමි වෙනවා. මෙයත් එබඳු කථාවක්.

ඒ දිනවල භාග්‍යවතුන් වහන්සේ වැඩ වාසය කළේ සැවැත් නුවර ජේතවනයේ. සැවැත් නුවර එක්තරා කුල කුමරියක් තවත් ජනපදයක කුලකුමරෙකුට සරණපාවා දෙන්ට කතාබස් කළා. කුලකුමරිය කැන්දා ගෙන යන්ට දිනයකුත් නියම කරගත්තා. 'භානේ.... නැකැත් නැතුව මගුල් තුලා කරන්ට එපා...' කියලා පුත්‍රයාගේ පැත්තේ මිනිස්සු කියන්ට පටන් ගත්තා. එතකොට ඔවුන් තමන්ගේ හිතවත් ආජීවකයෙක් ළඟට ගියා.

"අනේ ස්වාමීනි.... අපි අද මංගල්‍යයක් ලෑස්ති කරගත්තා. අපට ගෑණු ළමයාව කැන්දාගෙන එන්ට සුභ නැකැතක් ඕන..." කියලා කිව්වා.

ආජීවකයා මෙහෙම කල්පනා කළා. 'අනේ හැබෑට... මේකුන්ට දැන්ද මාව මතක් වුනේ... දිනේ තීන්දු කරගත්තේ මට කියලා නොවෙයි නොවැ. දැන් මොකටෙයි කෙල්ල ගේන්ට විතරක් මගෙන් නැකැත් අහගන්නේ. හොඳයි... මං මේකුන්ට හොඳ නැකැතක් උගන්වන්නම්...' කියලා ආජීවකයා හොඳට ම කෝපයට පත්වුනා. නළල රැළි ගන්වා මෙහෙම කියන්ට පටන් ගත්තා.

"හප්පේ.... ඇයි අදට මගුල් දවස දාගත්තේ.... මට ටිකා...ක් වේලාසනින් කිව්වා නම් අපූරු නැකැතක් හදා දෙනවා. අද මොකවත් කරන්ට එපා! අද නැකැත් පිහිටා තියෙන හැටි නම් හරි නරකයි. අද ඔහේලා මගුල කළොත් මහා විනාශයක් වෙනවා. ඕං.... පස්සෙ මට මොකුත් කියන්ට එපා...! පාපී නැකැත්වලට කරන මගුල් හරියන්නේ නෑ..."

එතකොට පිරිමි ළමයාගේ පැත්තේ මිනිස්සු හොඳටම භය වුනා!

"හරි... හරි... ස්වාමීනි... අපට තේරුනා... එහෙනම් හොඳ නැකත් යෝගයක් තියෙන දවසක් හදාදෙන්ට..." කියලා ආජීවකයාගෙන් වෙන දවසක් අරගෙන ගියා. ගෑණු ළමයා කැන්දාගෙන එන උත්සවයට ගියේ නෑ.

සැවැත් නුවර ගෑණු ළමයාගේ පැත්තේ පිරිස ළමයාවත් සරසාගෙන කෑම්බීම් හදාගෙන බලාගෙන ඉන්නවා ඉන්නවා කවුරුවත් ආවේ නෑ. ගෑණු ළමයාගේ දෙමාපියන්ට හොඳටම කේන්ති ගියා.

"ඒ මිනිස්සුමයි දිනේ දුන්නේ. අපි මෙහේ මංගල්ලෙට හැම දෙයක්ම කරලා.... බොහෝ ධනයත්

වියදම් කරලා. අපට ඔය මිනිස්සුන්ගෙන් වැඩක් නෑ... අපේ කෙල්ල වෙන තරුණයෙකුට දෙමු කියලා ඔවුන් දන්නා හඳුනන වෙනත් තරුණයෙකුට දැරිය පාවා දුන්නා.

ආජීවකයාගෙන් නැකැත් දිනේ ගත්තු අර මිනිස්සු වෙන දවසක පිරිස් පිරිවරාගෙන ආවා. ඇවිත් ගෑණු ළමයා ඉල්លුවා.

"අනේ හැබෑට... තමුසෙලත් මිනිස්සුද...? අපට දිනේ දුන්නෙත් තමුසෙලා... අපි බොහෝ වියපැහැදම් කරගෙන ළමයාත් සරසාගෙන මොනතරම් මග බලාගෙන හිටියාද? දැන් ආ පයින්ම යන එකයි ඇත්තේ. අපේ කෙල්ල අපි ඔයිට වඩා හොඳ කොල්ලෙකුට එදාම දුන්නා..."

"අනේ මේ.... ඒක අපේ වැරැද්දක් නෙමේ... එදා නැකත් තිබුනේ නෑ... අපේ නැකැත් බලපු ආජීවකයා කිව්වා එදාට මගුල කරන්න එපාම කියලා..."

"හා... හා... තමුසෙලාගේ නැකැත් දැන් තමුසෙලාටම හරස් වෙලා" කියලා ඔවුනොවුන් අතර ලොකුවට බහින්බස් වීමක් වුනා. මේ කතා නිසා මගුල කැඩුනේ ආජීවකයාගේ නැකැත් කීමෙන් කියල හැම තැනම පැතිරුනා. ඒ කාරණය භික්ෂූන් වහන්සේලා අතරත් ප්‍රකට වුනා. දම්සභා මණ්ඩපයට රැස් වූ භික්ෂූන් වහන්සේලා මේ ගැන කතා බස් කරමින් සිටියා.

"ඇවැත්නි... ආජීවකයෙකුගේ නැකැත් විශ්වාස කරන්ට ගිහින් අසවල් පවුලේ තීන්දු කරගත් මංගල්ලේ කැඩුනා නොවැ..." කියලා. එතකොට භාග්‍යවතුන් වහන්සේ එතැනට වැඩමකොට වදාළා. පණවන ලද

ආසනයේ වැඩසිටියා. භික්ෂූන් වහන්සේලා තමන් කතා කරමින් සිටිය කාරණය ගැන භාග්‍යවතුන් වහන්සේට සැළකළා. භාග්‍යවතුන් වහන්සේ මෙය වදාළා.

"මහණෙනි, ඔය ආජීවකයා ඔය පවුලට නැකැත් කියලා මගුල් කැඩුවේ මේ ආත්මේ විතරක් නොවෙයි. පෙර ආත්මෙකත් ඔය මිනිසුන්ට කිපිලා මංගල කටයුත්තකට අන්තරාය කළා..."

එතකොට ඒ භික්ෂූන් වහන්සේලා ඒ යටගිය දවස වූ සිදුවීම කිය දෙන්ට කියලා භාග්‍යවතුන් වහන්සේගෙන් ඉල්ලා සිටියා. භාග්‍යවතුන් වහන්සේ මේ ජාතකය වදාළා.

"මහණෙනි, ගොඩක් ඉස්සර කාලෙක බරණැස් පුරේ බ්‍රහ්මදත්ත නම් රජ්ජුරු කෙනෙක් රාජ්‍ය කළා. ඒ කාලේ එක්තරා ජනපදයක පවුලක දියණියක් බරණැස් නුවර පුත්‍රයෙකුට සරණ පාවා දෙන්ට දින නියම කරගත්තා. ඒ බරණැස් නුවර මිනිස්සු තමන්ගේ හිතවත් ආජීවකයෙකු මුණගැසෙන්ට ගියා.

"ස්වාමිනී... අද අපේ පුත්‍රයා බරණැස් නුවරින් දැරියක් ගෙදරින් එළියට ගන්නවා. හොඳ සුභ නැකැතක් ඒකට ඕනෑ..."

එතකොට තමන්ට නොදන්වා දිනයක් වෙන් කරගැනීම ගැන ආජීකවයාට හොඳටම කේන්ති ගියා.

"මේකුන් තමන්ට ඕනෑ හැටියට දිනේ හදාගෙන දැන් මෙහෙ එනවා කෙල්ල කැන්දන් යන්ට නැකැතක් අහගන්ට. දෙන්නම් මේකුන්ට හොඳ නැකැතක්..." කියලා මෙහෙම කිව්වා.

"හම්මේ.... ඇයි අද වගේ දවසක ඔවැනි හොඳ

මංගල කටයුත්තක් යොදා ගත්තේ...? අද මගුල කෙරුවොත් මහා විනාශයක් වේවි! මං කියන එක හොඳට අහගන්ට ඕනෑ.... අද මහා අසුභ දවසක්... මං සුභ නැකැත් තියෙන හොඳ දවසක් දෙන්නම්...."

එතකොට මිනිස්සු හැමෝම මුහුණට මුහුණ බලාගත්තා. මහත් සේ කම්පාවට පත්වුනා. නැකත නරක වෙලාවේ මගුල් තුලා කරලා මොකුත් වුනොත් කියලා මනාලිය කැන්දන් එන්ට එදා ගියේ නෑ.

ජනපදවාසී මිනිස්සු මනාලිය සරසාගෙන මග බලාගෙන සිටියා. කවුරුවත් ආවේ නෑ. මනාලියගේ දෙමාපියන්ට බොහෝම කේන්ති ගියා.

"ඒ මිනිස්සුමයි අද දවස දුන්නේ. අපි මේ වියපැහැදම් කරගෙන මග බලාගෙන ඉන්නවා. මෙහෙම මිනිස්සුන්ගෙන් ඇති එලේ මොකක්ද...?" කියලා තමන් දන්නා වෙනත් තරුණයෙකුට මනාලියව දුන්නා.

ආජීවකයා නියම කරපු දවසේ අර මිනිස්සු මනාලිය කැන්දන් යන්ට ආවා. "අපි ආවේ කෙලීව කැන්දන් යන්ට" කියලා කිව්වා.

එතකොට ජනපදවාසී මිනිස්සු බරණැස් නුවරවාසී මිනිස්සුන්ට මෙහෙම කිව්වා.

"තමුසෙලාට ලැජ්ජා නැද්ද...? තමුසෙලාමයි කෙලීව කැන්දන් යන්නේ අසවල් දවසේ කියලා අපට දිනේ දුන්නේ... අපි කෙල්ල සරසාගෙන බලාන උන්නා.... එදා ආවේ නෑ... අපි වෙන තරුණයෙකුට අපේ දරුවා දුන්නා..."

"එහෙම කොහෙමද දෙන්නේ...? අපිනේ මගුල

තීන්දු කරගත්තේ... අපේ හිතවත් ආජීවකයෙකුගෙන් මනාලිය කැන්දන් ගෙදරින් පිටත්වෙන වෙලාවට සුභ නැකැතක් අහන්ට ගියා. එදා සුභ නැකැත් නෑ. පාපී නැකැතක් තිබුනේ. ඒ නිසයි අපි නාවේ...."

"කරන්ට දෙයක් නෑ... තමුසෙලාගේ නැකැත් නිසා අපේ වැඩේ අවුල් වුනා. අපේ කෙලී දීලා ඉවරයි. දැන් කොහොමද තමුසෙලාට ඕනෑ ඕනෑ නැකැතට කෙල්ල අරගෙන එන්නේ....?"

කථාව ටිකෙන් ටික දිග්ගැස්සුනා. එකිනෙකා හොඳට බැණගත්තා. ඔය අතරේ නගරවාසී නුවණැති පුරුෂයෙක් කිසියම් කටයුත්තකට ඒ ජනපදයට ගිහින් හිටියා. නගරෙන් ආ මිනිස්සු 'අපිට ආජීවකයා නැකැත නරකයි කියපු නිසා නාවේ' කියන කාරණාව කියනවා ඇහුනා. "එතැන වෙනත් නැකැතින් ඇති ඵලයක් තියේද? මනාලිය ලැබීම ම නොවැ නැකැත" කියලා මේ ගාථාව පැවසුවා.

"නැකැත් බලන්නට යෑමෙන්
මෝඩයන්ට වටිනා දේ නැති වෙන්නේ
කරන දෙයක් හොඳින් කිරීමමයි නැකැත
අහසේ තියෙන තාරකා
කුමක් කරන්ට ද අප හට"

මහණෙනි, ඔය ආජීවකයා නැකැත් කියල මගුල් කැඩුවේ මේ ආත්මේ විතරක් නොවේ. පෙර ආත්මෙත් නැකැත් කියල මගුල් කැඩුවේ ඔය පුද්ගලයාමයි. එදා ආරවුල් හදාගත් පවුල් දෙකමයි මෙදාත් ආරවුල් හදාගත්තේ. ගාථාව කියපු නුවණැති පුරුෂයාව හිටියේ මමයි" කියලා මේ ජාතකය නිම කොට වදාළා.

10. දුම්මේධ ජාතකය

අනුවණයන් නැසීම ගැන කථාව

පින්වතුනේ, පින්වත් දරුවනේ,

ඇතැම් නුවණැති අය ඉතාමත් උපායශීලීව තමන්ගේ පිරිය යහමගට ගන්නවා. සමහර දරුවන් ඉතාම උපායශීලීව තම දෙමාපියන්ව යහමගට ගන්නවා. සමහර දෙමාපියන් ඒ වගේම තම දරුවන්ව යහමගට ගන්නවා. ඇතැම් ස්වාමිවරුන් තම භාර්යාවන්ව ඉතාම උපායශීලීව යහමගට ගන්නවා. බිරින්දෑවරුන් තම ස්වාමිවරුන්ව ඒ වගේම යහමගට ගන්නවා. මෙයත් එබඳු කථාවක්.

ඒ දවස්වල භාග්‍යවතුන් වහන්සේ වැඩසිටියේ සැවැත් නුවර ජේතවනයේ. එදා දම් සභාවට රැස් වූ භික්ෂූන් වහන්සේලා භාග්‍යවතුන් වහන්සේ ලොවට සලසන යහපත ගැන කතා කරමින් සිටියා. එතකොට භාග්‍යවතුන් වහන්සේ එතැනට වැඩම කොට වදාළා. භික්ෂූන් වහන්සේලා තමන් කතා කරමින් සිටිය කරුණ ගැන භාග්‍යවතුන් වහන්සේට කියා සිටියා.

"මහණෙනි.... තථාගතයන් දැන් දසබල ඥාන, සිව් විශාරද ඥාන ආදී අසිරිමත් නුවණින් යුක්තවයි ලොවට සෙත සලසන්නේ. එදා බෝසත් අවදියේ උපායශීලීව කටයුතු කිරීමෙන් බොහෝ මිනිසුන්ව අකුසල් මාර්ග යෙන් බේරාගත්තා. ඔවුන්ට යහපත සැලසුවා...."

ඒ යටගිය දවස වූ සිදුවීම ගැන කියා දෙන්ට කියා භික්ෂූන් වහන්සේලා ඉල්ලා සිටීමෙන් භාග්‍යවතුන් වහන්සේ මේ ජාතකය වදාළා.

"මහණෙනි, ගොඩාක් ඉස්සර කාලෙක බරණැස් නුවර බ්‍රහ්මදත්ත නමින් රජ්ජුරු කෙනෙක් රාජ්‍ය කළා. ඒ කාලේ මහා බෝධිසත්වයෝ බරණැස් රජ්ජුරුවන්ගේ අගමෙහෙසියගේ කුසේ පිළිසිඳගත්තා. මව්කුසින් නික්මුණු කුමාරයාට බ්‍රහ්මදත්ත යන නම ලැබුනා. කුමාරයා තරුණ වයසට පත්වෙද්දී පියරජ්ජුරුවෝ ඔහුට යුවරාජ පදවිය පිරිනැමුවා.

ඒ දවස්වල බරණැස් නුවර මිනිස්සු දේවතාවුන්ට බලි පූජා පවත්වනවා. දෙවියන් වඳිනවා. දවසක් ඒ මිනිස්සු එක්තරා විශේෂ දිනයක් නියම කරගත්තා. බොහෝ එළුවන්, කුකුලන්, ඌරන්, ආදිය ඝාතනය කරවා, නොයෙක් මල් වලිනුත් ඒ සතුන් ගේ ලේ මස් වලිනුත් තමන්ගේ දෙවියන්ට බලි යාගයක් කළා. එය දුටු බෝධිසත්වයෝ මෙසේ සිතුවා.

"අනේ මේ මිනිස්සු දෙවියන්ට පුද පූජාවන් පවත්වන මංගලෝත්සවයක්ය කියලා බොහෝ සතුන්ව මරනවා. බොහෝ සෙයින්ම මේ මිනිස්සු පිහිටා ඉන්නේ අධර්මය තුළයි. මට රාජ්‍ය ලැබුණු දවසට එක් කෙනෙකුටවත් පීඩාවක් නොකොට මොකක් හරි උපායකින් මේ බිහිසුණු දේවපූජා නවත්වනවා...."

මෙසේ සිතූ බෝධිසත්වයෝ බරණැස් නුවරින් නික්මෙද්දී අතුපතර විහිදී ගිය බොහෝ මුල් පහතට එල්ලා වැටුනු මහා නුගරුකක් දැක්කා. බොහෝ මිනිස්සු

එතැනට එනවා. තමන්ට දූ දරුවන් ලබාදෙන්ට, රැකියා ලබාදෙන්ට, දියුණුව සලසා දෙන්ට යනාදී වශයෙන් නොයෙක් ප්‍රාර්ථනා එහි සිටින රුක් දෙවියාගෙන් ඉල්ලා සිටියා. නොයෙකුත් ප්‍රාර්ථනා කරනවා. 'මගේ වැඩේටත් මේන්න හොඳ තැනක්...' කියලා බෝධිසත්වයෝ රථයෙන් බැස්සා. සුවඳ මල් ආදිය ගෙනැවිත් ඒ මහා වෘක්ෂයට පූජා කළා. මල් මාලා පැළැන්දුවා. පැන් වැඩුවා. ඒ වෘක්ෂය පැදකුණු කොට රුක් දෙවියාට වන්දනා කළා. රථයට නැගී නගරයට ගියා.

එදා පටන් බෝධිසත්වයෝ වරින් වර එතැනට යනවා. දෙවියන්ට පූජාවන් පවත්වන ආකාරයෙන් ඉතාමත් ගරුසරුව පුද පූජාවන් පවත්වනවා. කාලයාගේ ඇවෑමෙන් පියරජ්ජුරුවෝ අභාවයට පත්වුනා. බෝධිසත්වයෝ බරණැස රජු හැටියට අභිෂේක ලැබුවා. අභිෂේකෝත්සවයෙන් ටික දවසකට පසු අමාත්‍ය මණ්ඩලයත්, විශේෂ බ්‍රාහ්මණාදී ප්‍රාඥ පිරිසත් රැස් කළා.

"භවත්නි... තමුන්නාන්සේලා දන්නවාද මං මේ බරණැස රාජ්‍යයේ රජකම ලබාගන්ට මුල්වුන විශේෂ කාරණාව...?"

"අනේ දේවයන් වහන්ස.... අපි දන්නෙ නෑ..."

"අසවල් තැන මහා වෘක්ෂරාජයෙක් වැඩඉන්නවා. එතැනට කවුරුත් ගිහින් පුද පූජා පවත්වා භාරහාර වෙනවා. මාත් වරින් වර එතැනට ගොහින් විශේෂ පුද පූජාවන් පැවැත් වූ බව සමහර විට තමුන්නාන්සේලා දකින්ටත් ඇති..."

"එහෙමයි දේවයන් වහන්ස... අපි දැක්කා...."

"මං එතැනදී ප්‍රාර්ථනාවක් කළා. යම් හෙයකින් මං රජකමට පත්වුනොත් ඒ වෘක්ෂයේ අධිගෘහිත දේවතාවුන් වහන්සේට මහා බිලිපූජාවක් කරනවා ය. ඒ නිසා මට රාජ්‍යත්වය ලබාදෙන්ට පිහිට වෙන්ට කියලා. ඉතින් දේවතාවුන්නාන්සේ මට පිහිට වුනා. දැන් මමයි බරණැස් රජ්ජුරුවෝ..."

"එහෙමයි දේවයන් වහන්ස... ඔබවහන්සේට ඒකාන්තයෙන්ම ඒ දේවතාවුන් වහන්සේගේ බැල්ම වැටිලා තියෙනවා...."

"ඒකනේ.... තමුන්නාන්සේලාටත් මේක තේරෙනවා... දෙවියන් එක්ක සෙල්ලම් බෑ...! මං දෙවියන් උදෙසා මහා බිලි පූජාවක් කරන්ටයි භාර වුනේ.... ප්‍රමාද නොවී ඒ බිලි පූජෝත්සවයට කටයුතු සම්පාදනය කරන්ට ඕනෑ..."

"එහෙමයි දේවයන් වහන්ස... එතකොට අපි කොයි කොයි විදිහටද ඒ බිලි පූජාව සූදානම් කරන්ට ඕනෑ...? මොන මොන සතුන් ද සූදානම් කරන්ට ඕනෑ...?"

"සතුන්.... නෑ... මේක සතුන් මරලා කරන පූජාවක් නොවෙයි... මේක මහා ශ්‍රේෂ්ඨ එකක්....! මං දෙවියන්ට බාර වුනේ සත්තු මරන්ට නෙවෙයි.... මිනිස්සුන්ව මරන්ටයි. මනුස්ස බිලි දහසකින් පූජා කරන්ටයි. පස්පව් දස අකුසල් කරන මිනිසුන් දහසක් මරා උන්ගේ බඩ බොකුවැල් ඒ මහා වෘක්ෂය වටේ වෙළන්ටයි. ඔවුන්ගේ රුධිරයෙන් ඒ වෘක්ෂය නාවන්ටයි මා බාර වුනේ...."

එතකොට හැමෝම වෙව්ලා ගියා. ඇඟපත සීතල වෙලා ගියා. උගුරකට වියැලී ගියා.

"ඔව්... දැන් මං මගේ බාරය තමුන්නාන්සේලාට හෙළිදරව් කළා. දැන් ම කල් නොයා මේ දොළොස් යොදුන් ප්‍රමාණයේ වූ මුළු බරණැස් නගරේම අඬබෙර හසුරුවන්ට ඕනෑ..." කියලා පිටත් කළා. සියළු දෙනා බියේ ගැහි ගැහී රාජ අණ පතුරුවන්ට පටන්ගත්තා.

"අසව්...! අසව්...! අපගේ රජ්ජුරුවන් වහන්සේ යුවරාජ පදවිය භාරව සිටිද්දී අසවල් වෘක්ෂයේ වැඩ සිටින්නා වූ දේවතාවුන්නාන්සේට මහා බිලි පූජාවක් කරන්ට බාරයක් වෙලා තිබෙනවා. තමන් වහන්සේට රජකම ලැබුනු දවසට ඒ බාරේ ඔප්පු කර වදාරනවා කියලා. අසව්...! අසව්...! ඒ බිලි පූජාවට ගන්නේ තිරිසන් සතුන් නොවේ....! දහසක් මිනිසුන්වයි. ඒ දහසක් මිනිසුන් මරා උන්ගේ හෘදමාංශය උපුටා ඒ වෘක්ෂය වටේ තියන්ටත් නියම වෙලා තියෙනවා.... මේ තැන් පටන් ඒ බිලි පූජාවට සුදුසුකම් ඇති මිනිසුන් සොයාපල්ලා... යම් මිනිසෙක් සතුන් මරනවා ද, සොරකම් කරනවාද, වැරදි කාම සේවනයේ යෙදෙනවාද, බොරු කියනවාද, මත්පැන් බොනවාද, අන්න ඒ තැනැත්තා බිලි පූජාවට සුදුසුයි. අද පටන් යමෙක් මේ වැරදි පහ කළෝතින් ඔහුව අල්ලා දෙන්ට නුඹලා සියළු දෙනා බැඳී සිටිනා බව දැන ගනිල්ලා...." කියලා අඬබෙර පැතිරෙව්වා...

එදා බෝධිසත්වයෝ ඇමති මණ්ඩලයට ඔය කරුණු පහදා මේ ගාථාවත් පැවසුවා.

"පස් පව් කරනා අනුවණ බාලයන්ව රැස් කරලා
දහසක් නර බිලි දෙන මහ පූජාවක් සිදු කරලා
දෙවියන් හට බාර වුනා මගේ පැතුම මුල් කරලා
බොහො මිනිසුන් ඉන්නේ දස අකුසලයෙන් ඈත් වෙලා"

එදා පටන් පස්පව් දස අකුසල් කරන එක මිනිසෙක් සොයා ගන්ට බැරිව ගියා. කලක් ගතවෙද්දී රටවැසියා බොහෝ සුඛිත මුදිත බවට පත්වුනා. එක පුද්ගලයෙකුට වත් හිංසා නොකොට බෝධිසත්වයෝ ඉතාම උපායශීලීව තම රටවැසියාව යහමගට ගත්තා. තමනුත් සිල් රැක්කා. දන් දුන්නා. පින් රැස් කළා. රටවැසියනුත් ඒ අයුරින්ම සිල් රකිමින්, දන් පැන් දෙමින්, පින් රැස් කළා. මරණින් මතු හැමෝම දෙවියන් අතර උපන්නා.

මහණෙනි, තථාගතයන් ලොවට යහපතක් කළේ දැන් පමණක් නොවේ. පෙර ආත්මවලත් ඔය විදිහට බොහෝ යහපත කළා. එදා මං යහමගට ගත් පිරිස තමයි බුදු පිරිස. බරණැස් රජ්ජුරුවෝ වෙලා සිටියේ මං නොවැ කියලා භාග්‍යවතුන් වහන්සේ මේ දුම්මේධ ජාතකය වදාළා.

පස්වෙනි අත්ථකාම වර්ගයයි

මුල් ජාතක පනහ අවසන් විය.

මහාමේඝ ප්‍රකාශන

06. රට්ඨපාල මහරහතන් වහන්සේ
07. සක්කාර නුවර මසුරු කෝසිය
08. කිසාගෝතමී
09. උරුවේල කාශ්‍යප මහරහතන් වහන්සේ
10. සංකිච්ච මහරහතන් වහන්සේ
11. සුප්පබුද්ධ කුෂ්ඨ රෝගියා
12. නිවී ගිය සේක බුද්ධ ද්වාකරයාණෝ
13. සුමන මල් වෙළෙන්දා
14. කාලී යක්ෂණිය
15. මුගලන් මහරහතන් වහන්සේ
16. ලාජා දේවගන
17. ආයුවඩ්ඪන කුමාරයා
18. සන්තති ඇමති
19. මහධන සිටුපුත්‍රයා
20. අනේපිඩු සිටුතුමා
21. නන්ද මහරහතන් වහන්සේ
22. මණිකාර කුල්පග තිස්ස තෙරණුවෝ
23. විශාඛා මහෝපාසිකාව
24. පතිපූජිකාව
25. සිරිගුත්ත සහ ගරහදින්න
26. මහාකස්සප මහරහතන් වහන්සේ
27. අහෝ දෙව්දත් නොදිටි මොක්පුර
28. භාගිනෙය්‍ය සංඝරක්ඛිත මහරහතන් වහන්සේ
29. උදළු කෙටිය
30. සාමාවතී සහ මාගන්දියා
31. සිරිමා

- **ඉංග්‍රීසි භාෂාවට පරිවර්තනය වී ඇති ධර්ම දේශනා ග්‍රන්ථ :**

01. Mahamevnawa Pali-English Paritta Chanting Book

02. The Wise Shall Realize
03. The life of Buddha for children

- **ඉංග්‍රීසි භාෂාවට පරිවර්තනය වී ඇති සුතු දේශනා ග්‍රන්ථ :**

01. Stories of Ghosts
02. Stories of Heavenly Mansions
03. Stories of Sakka, Lord of Gods
04. Stories of Brahmas
05. The Voice of Enlightened Monks
06. The Voice of Enlightened Nuns

- **ඉංග්‍රීසි භාෂාවට පරිවර්තනය වී ඇති සදහම් සිතුවම් පොත් :**

01. Chaththa Manawaka
02. The Great Arhant Bahiya Darucheeriya
03. The Great Arhant Pindola Bharadvaja
04. Sumana the Novice monk
05. Stingy Kosiya of Town Sakkara
06. Kisagothami
07. Sumana The Florist
08. Kali She-devil
09. Ayuwaddana Kumaraya
10. The Banker Anathapindika
11. The Great Disciple Visākhā
12. Siriguththa and Garahadinna

පූජ්‍ය කිරිබත්ගොඩ ඥාණානන්ද ස්වාමීන් වහන්සේ විසින් රචිත සියලුම සදහම් ග්‍රන්ථ සහ ධර්ම දේශනා ලබාගැනීමට

ත්‍රිපිටක සදහම් පොත් මැදුර

අංක 70/A/7/OB, YMBA ගොඩනැගිල්ල, බොරැල්ල, කොළඹ 08
දුර : 077 47 47 161 / 011 425 59 87
ඊ-මේල් : thripitakasadahambooks@gmail.com

www.ingramcontent.com/pod-product-compliance
Lightning Source LLC
Chambersburg PA
CBHW060713030426
42337CB00017B/2847
9789556870909